JN112647

株主総会資料電子提供の
法務と実務

塚本英巨・中川雅博　著

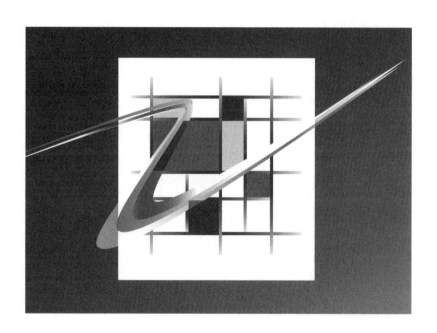

商事法務

はしがき

　令和元年改正会社法は、株主総会資料の電子提供制度の創設、株主提案権の濫用的な行使の制限、取締役について、その報酬のほか、費用等の補償や D&O 保険契約に関する規定の整備、監査役会設置会社における社外取締役の設置の義務付け等の多岐にわたる改正項目からなる。この改正は、株主総会資料の電子提供制度に係る部分を除き、2021 年 3 月 1 日に施行され、多くの上場会社が、取締役の個人別の報酬等の決定方針を取締役会で決定するとともに、事業報告でその決定方針を含めた役員報酬に関する詳細な開示を行い、また、株主総会参考書類で D&O 保険契約の締結について説明するなど、すでに株式実務に大きな影響を及ぼしている。

　本書は、令和元年改正会社法の改正項目のうち、未施行の株主総会資料の電子提供制度について、制度内容と実務対応の在り方を解説するものである。同制度は、特に上場会社について、株主に対する株主総会情報の提供の在り方を根本的に変更するものであるため、株主総会実務に与える影響は相当に大きい。さらに、2020 年からの新型コロナウイルス感染拡大という状況下、議決権行使の電子化やバーチャル株主総会に取り組む会社が増加しているが、株主総会資料の電子提供制度が施行されれば、株主総会プロセス全体の電子化がいよいよ避けて通れなくなるであろう。

　株主総会資料の電子提供制度は 2022 年中の施行が予定されており、施行まであと約 1 年のこのタイミングで本書を上梓することで、上場会社各社の実務担当者の皆様が、余裕をもって同制度への円滑な移行に向けた準備を行うことができれば、著者らにとって望外の喜びである。

　なお、本書のうち意見にわたる部分は、著者らの所属する組織や関係する団体の見解ではなく、著者らの私見であることをご理解いただきたい。

2021 年 7 月

塚 本 英 巨

中 川 雅 博

目　次

第 1 部
株主総会資料の電子提供制度の解説

Ⅰ　制度の概要とその趣旨 ……………………………………… 2

　1　制度の概要と施行日 ………………………………………… 2

　2　株主が株主総会の議案の検討時間をより長く確保するための制度
　　　……………………………………………………………… 5

　　⑴　6 月の株主総会の開催の集中　5

　　⑵　株主総会の電子提供に関する既存の制度とその限界　8

　　⑶　小　括　11

　3　会社にとってのメリットおよびデメリット ……………… 12

　　⑴　会社にとってのメリット　12　　⑵　会社にとってのデメリット　13

Ⅱ　電子提供措置とは ……………………………………………… 17

　1　概　要 ………………………………………………………… 17

　2　パスワードの設定 …………………………………………… 18

　3　株主総会資料をアップロードするウェブサイトの数 …… 19

Ⅲ　電子提供措置をとるための手続
　　——特に定款の変更が必要であること ………………… 21

　1　総論——三つの事項についての定款変更 ………………… 21

　2　電子提供措置をとる旨の定款の定めの創設 ……………… 22

　　⑴　電子提供措置をとる旨の定款の定めの内容　22

　　⑵　電子提供措置をとる旨の定款の定めの登記　23

　　⑶　定款の定めを設けることができる会社　23

　3　ウェブ開示に関する定款の定めの廃止 ……………………………… 24

　4　書面交付請求をした株主に交付する電子提供措置事項記載書面の
　　　記載事項を一部除外するための定款の定めの創設 ………………… 24

　5　上場会社への強制適用とその経過措置（定款の定めのみなし規定）
　　　……………………………………………………………………………… 26

　　⑴　株主総会資料の電子提供制度の上場会社への強制適用　26

　　⑵　上場会社への強制適用に係る経過措置　27

**Ⅳ　電子提供措置をとる場合の手続──電子提供措置の実施と
　　招集通知の発出** ……………………………………………………… 38

　1　総論──電子提供措置をとらなければならない会社の株主総会ス
　　　ケジュールとその実施にあたってのポイント ……………………… 38

　2　電子提供措置をとらなければならない場合とは …………………… 39

　3　電子提供措置をとるにあたって取締役会決議が必要となる事項 … 43

　4　電子提供措置の開始期限 ……………………………………………… 46

　　⑴　会社法の原則的な定め　46

　　⑵　上場会社の招集通知の発出時期等についての実務（電子提供制度創設前の
　　　　実務）　48

　　⑶　上場会社における例外としての「3週間以上前」の電子提供措置の実施の
　　　　努力義務（法制審議会の附帯決議とそれに基づく上場規則の改正）　49

　　⑷　招集通知の発出時期の前倒しによる電子提供措置の開始時期の前倒し　51

　5　電子提供措置事項の内容 ……………………………………………… 54

　　⑴　原則的な取扱い　54　　⑵　議決権行使書面についての例外　60

　　⑶　電子提供措置をとること自体の例外──EDINET の特例　65

　6　狭義の招集通知（アクセス通知）の発出 …………………………… 69

　　⑴　発出期限　69　　⑵　招集通知の記載事項　71

　　⑶　招集通知に法定の記載事項以外の事項を記載することや、これを記載した
　　　　別の書面を同封すること　74

Ⅴ　株主の書面交付請求権 ……………………………………………… 77

　1　意　義 ………………………………………………………………… 77

2 書面交付請求権を有する株主 ···························· 77

3 書面交付請求を行う期限 ······························ 78

4 書面交付請求をする方法 ······························ 79

5 書面交付請求権の行使の効果と書面交付の懈怠の影響 ········ 83

6 書面を交付するタイミング ···························· 84

7 電子提供措置事項記載書面の内容 ······················ 84

(1) 原則的な内容 84

(2) 定款の定めによる電子提供措置事項記載書面への記載からの一部除外 86

8 電子提供措置事項記載書面を交付しなければならない株主を減ら

すための措置——異議申述手続 ························ 96

(1) 異議申述手続の概要 96 (2) 異議申述手続の実務 98

VI 電子提供措置の中断 ································ 103

1 電子提供措置の中断に対する救済措置 ·················· 103

2 電子提供措置の中断と株主総会の決議の効力 ·············· 106

(1) 救済されない場合の株主総会の決議の効力の原則的な考え方 106

(2) 裁量棄却 107 (3) まとめ 109

3 電子提供措置の中断に備えた対応 ······················ 109

VII 種類株主総会への適用 ·························· 111

1 種類株主総会についての電子提供制度の採用 ·············· 111

2 種類株主総会における電子提供措置 ···················· 112

3 書面交付請求権 ···································· 112

第2部
株主総会資料の電子提供制度の実務

I 株主総会資料の電子提供制度施行までの準備、検討事項 ··· 116

1 現行会社法等に基づく招集通知の電子提供の状況 ·················· 116

(1)　電磁的方法による株主総会の招集通知　116

(2)　ウェブ開示（インターネット開示）　118

(3)　上場規則に基づく招集通知の電磁的記録の公衆縦覧　120

(4)　自社ウェブサイト等への招集通知の電磁的記録の掲載　121

2　電子提供制度への円滑な移行等のための準備、検討事項……… 122

(1)　電子提供制度に円滑に移行するための準備　122

(2)　電子提供制度によって株主総会の運営等に影響が生じる事項への対応　128

Ⅱ　電子提供制度施行に伴う対応、検討事項……………… 138

1　電子提供制度の採用手続…………………………………… 138

2　みなし定款変更と備置定款への対応……………………… 138

3　電子提供制度の適用開始時期と実務対応………………… 139

4　登　記………………………………………………………… 146

Ⅲ　電子提供制度に基づく株主総会の実務………………… 147

1　書面交付請求の受付………………………………………… 147

(1)　上場会社における書面交付請求のフロー　147

(2)　書面交付請求の方法　148　　(3)　書面交付請求の行使期限　152

(4)　基準日後の書面交付請求への対応　153

2　株主総会資料・招集通知の作成…………………………… 153

(1)　作成すべき対象物　153　　(2)　電子提供措置事項の作成　155

(3)　招集通知の作成　157

(4)　書面交付請求株主に送付する交付書面の作成　163

(5)　スマートフォン用の電子提供措置事項等の作成　165

(6)　議決権行使書面の作成　169

3　招集取締役会の決議………………………………………… 169

4　電子提供措置………………………………………………… 170

(1)　電子提供措置事項を掲載するウェブサイト　170

(2)　電子提供措置開始日　171　　(3)　早期開示　172

(4)　電子提供措置事項の修正　172　　(5)　中断の定め　174

(6)　EDINET の特例　176

　5　招集通知の発送 ……………………………………………… 178

　　⑴　招集通知の発送期限　178　　⑵　招集通知の同封物　178

　　⑶　その他の同封物　179

　6　事前の議決権行使 …………………………………………… 180

　7　株主総会の運営 ……………………………………………… 180

　8　株主総会後の事務 …………………………………………… 181

　9　書面交付終了の異議申述手続 ……………………………… 182

　　⑴　異議申述手続の概要・意義　182　　⑵　異議申述手続の流れ　183

　　⑶　異議申述手続を行うタイミング　187

Ⅳ　電子提供制度導入に伴う対応、検討事項 …………… 188

　1　電子投票の採用 ……………………………………………… 188

　2　柔軟な基準日の設定（議決権行使基準日の変更） ……… 188

　　⑴　議決権基準日を決算日とする慣例の形成　188

　　⑵　定款で基準日を定めることの効果　189

　　⑶　決算日を基準日とすることの合理性　189

　　⑷　柔軟な基準日設定のインセンティブ　190

　　⑸　電子提供制度と柔軟な基準日の設定　191

Ⅴ　非上場会社における電子提供制度の利用 …………… 193

　1　電子提供制度の採用手続 …………………………………… 193

　2　書面交付請求の受付 ………………………………………… 197

　3　その他 ………………………………………………………… 199

　　⑴　電子提供措置　199　　⑵　招集通知の発送期限　199

事項索引　201

●コラム一覧

【1-Ⅰ-1】7月総会 ……………………………………………………… 14

【1-Ⅲ-1】解釈上の論点——任意の定款変更とみなし規定との関係……… 35

【1-Ⅳ-1】解釈上の論点——株主が株主総会を招集する場合における電子
　　　　　提供措置の要否 ……………………………………………… 41

【1-Ⅳ-2】解釈上の論点——電子提供措置事項の修正の方法とその範囲
　　　　　…………………………………………………………………… 57

【1-Ⅳ-3】電子投票（電磁的方法による事前の議決権行使）の強制適用？
　　　　　…………………………………………………………………… 62

【1-Ⅳ-4】EDINET の特例の利用と「電子提供措置をとる場合」と規定さ
　　　　　れている規律との関係 ……………………………………… 67

【1-Ⅴ-1】解釈上の論点——証券会社等を経由して書面交付請求をする場
　　　　　合の期限 ……………………………………………………… 82

【1-Ⅴ-2】解釈上の論点——書面交付請求および異議申述の方式……… 100

【1-Ⅴ-3】解釈上の論点—— 一部の株主のみに対する通知・異議催告 101

凡　例

1．法令名等の略語

条数のみ	会社法
令和元年改正法	会社法の一部を改正する法律（令和元年法律第 70 号）
改正法務省令	会社法施行規則等の一部を改正する省令（令和 2 年法務省令第 52 号）
整備法	会社法の一部を改正する法律の施行に伴う関係法律の整備等に関する法律（令和元年法律第 71 号）
振替法	社債、株式等の振替に関する法律（平成 13 年法律第 75 号）
CG コード	コーポレートガバナンス・コード

2．文献等の略語

部会	法制審議会会社法制（企業統治等関係）部会
中間試案	会社法制（企業統治等関係）の見直しに関する中間試案
パブコメ回答	法務省民事局参事官室「会社法の改正に伴う法務省関係政令及び会社法施行規則等の改正に関する意見募集の結果について」（2020 年 11 月 24 日）
座談会	神田秀樹＝竹林俊憲＝古本省三＝井上卓＝石井裕介「【座談会】令和元年改正会社法の考え方」別冊商事法務編集部編『令和元年改正会社法②―立案担当者・研究者による解説と実務対応―』別冊商事法務 454 号（2020）79 頁以下
一問一答	竹林俊憲編著『一問一答　令和元年改正会社法』（商事法務、2020）
省令解説	渡辺諭ほか「会社法施行規則等の一部を改正する省令の解説―令和二年法務省令第五二号―」別冊商事法務編集部編『令和元年改正会社法③―立案担当者

	による省令解説、省令新旧対照表、パブリック・コメント、実務対応 Q & A—』別冊商事法務 461 号（2021）11 頁
邉論文	邉英基「令和元年改正会社法の実務対応(1)株主総会資料の電子提供制度への実務対応」別冊商事法務編集部編『令和元年改正会社法②—立案担当者・研究者による解説と実務対応—』別冊商事法務 454 号（2020）209 頁
全株懇提案書	全国株懇連合会の提案書「会社法改正の概要と株式実務への影響」（2020 年 12 月）
株主総会白書 2019 年版	
	商事法務研究会編「株主総会白書 2019 年版」旬刊商事法務 2216 号（2019）
	※ 2018 年 7 月～2019 年 6 月までに株主総会を開催した全国証券取引所の上場会社（新興市場・外国企業を除く）を対象としたアンケート調査結果

第1部

株主総会資料の
電子提供制度の解説

I　制度の概要とその趣旨

1　制度の概要と施行日

　「株主総会資料の電子提供制度」とは、株主総会の招集手続に関する特則であり、一言でいえば、株主総会参考書類、議決権行使書面、事業報告、計算書類および連結計算書類（以下「株主総会参考書類等」という）という、株主総会の招集通知に添付して株主に提供しなければならない書面について、株主の個別の承諾なく、自社のホームページ等のウェブサイトに掲載することにより、株主に対してこれを提供したものとみなす制度である。

　公開会社[1]を前提とすると、株主総会の招集通知は、株主総会の開催日の2週間前までに株主に対して発出しなければならない（299条1項）ところ、公開会社は、必ず取締役会設置会社であり（327条1項1号）、したがって、当該招集通知は、「書面」により行わなければならないのが原則である（299条2項2号）。

　また、公開会社である場合のほか、株主総会に出席しない株主が①書面によって議決権を行使することができることとする場合（いわゆる書面投票を認める場合。298条1項3号）または②電磁的方法によって議決権を行使することができることとする場合（いわゆる電子投票を認める場合。298条1項4号）も、取締役は、株主総会の招集通知を「書面」により行わなければならず（299条2項1号）、かつ、当該招集通知に際して、株主に対

---

[1]　「公開会社」とは、その発行する全部または一部の株式の内容として譲渡による当該株式の取得について株式会社の承認を要する旨の定款の定めを設けていない株式会社をいう（2条5号）。

し、株主総会参考書類（議決権の行使について参考となるべき事項を記載した書類）を交付し、また、書面投票を認める場合は、これに加えて議決権行使書面（株主が議決権を行使するための書面）を交付しなければならない（301条1項、302条1項）。

　さらに、取締役会設置会社（上記のとおり、公開会社は、必ず取締役会設置会社である）においては、取締役は、定時株主総会の招集通知に際して、株主に対し、436条3項の取締役会の承認を受けた計算書類または事業報告を提供しなければならない（437条）。436条1項または2項の規定により計算書類または事業報告ならびにこれらの附属明細書について監査役、監査等委員会もしくは監査委員会（以下「監査役等」という）または会計監査人の監査を受けなければならない場合には、監査報告または会計監査報告も、定時株主総会の招集通知に際して、計算書類および事業報告とともに株主に提供しなければならない（437条括弧書）。

　さらに、会計監査人設置会社は、連結計算書類を作成することができる（444条1項）2) ところ、会計監査人設置会社が取締役会設置会社である場合には、取締役は、定時株主総会の招集通知に際して、株主に対し、同条5項の取締役会の承認を受けた連結計算書類を提供しなければならない（同条6項）。なお、計算書類および事業報告と異なり、連結計算書類については、定時株主総会の招集通知に際して、株主に対し、監査役等の監査報告および会計監査人の会計監査報告（同条4項参照）を提供することは必須のものとされていない。

　（定時）株主総会の招集通知に際して株主に交付・提供しなければならない以上の資料（株主総会参考書類等）は、299条2項に基づき招集通知を書面により発出する場合には、同じく書面により交付・提供しなければならない（301条1項、302条1項、会社法施行規則133条2項1号、会社計算規則133条2項1号、134条1項1号）。一般に、299条2項に基づく書面による招集通知は、「狭義の招集通知」といわれ、また、狭義の招集通知およびこれに添付しなければならない株主総会参考書類等は、併せて「広義の

---

2)　なお、事業年度の末日において大会社であって金融商品取引法24条1項の規定により有価証券報告書を内閣総理大臣に提出しなければならないものは、当該事業年度に係る連結計算書類を作成しなければならない（444条3項）。

招集通知」といわれる。広義の招集通知は、数十ページに及ぶ書面となる。

　前置きが長くなったが、株主総会資料の電子提供制度は、そのような大部な資料である株主総会参考書類等を書面により株主に提供することを要さず、ウェブサイトに掲載する方法（電子提供措置）で足りるものとする制度である。当該制度を利用することにより、株主に対して送付しなければならない書面は、狭義の招集通知に相当する書面（アクセス通知といわれることがある）のみとなり、せいぜい両面印刷で1枚の書面（例えば、はがき）で足りることとなる。そのようにウェブサイトに掲載する方法で株主総会参考書類等を株主に提供したものとみなすことについては、後述する電磁的方法による株主総会の招集通知の発出と異なり、株主の個別の承諾を得ることを要さず、定款の定めを設けることを要するにとどまる。

　Ⅳ以下において詳述するが、株主総会資料の電子提供制度のポイントは、以下のとおりである。

①	株主総会参考書類等のウェブサイトへの掲載（電子提供措置）は、原則として株主総会の開催日の3週間前までに行わなければならない。
②	狭義の招集通知に相当する書面（アクセス通知）は、株主総会の開催日の2週間前までに株主に対して発出しなければならない。
③	株主は、議決権行使基準日までに書面交付請求をすることにより、狭義の招集通知に相当する書面に加えて、株主総会参考書類等に記載すべき事項（電子提供措置事項）を記載した書面（電子提供措置事項記載書面）の交付を受けることができる。取締役は、株主総会の招集通知に際し、書面交付請求をした株主に対し、当該書面を交付しなければならない。
④	上場会社は、株主総会資料の電子提供制度を採用することが強制される。

　株主総会資料の電子提供制度の創設の施行日は、令和元年改正法（会社法の一部を改正する法律（令和元年法律第70号））の公布の日（2019年12月11日）から起算して3年6か月を超えない範囲内において政令で定める日（以下単に「施行日」という）である（令和元年改正法附則1条ただし書）。本書執筆時点では、具体的な施行日は明らかになっていないが、令和元年改正法に関する法務省のパンフレット3)の表紙では、株主総会資料の電子

提供制度の創設について、「令和 4 年施行予定」とされている。そのため、株主総会資料の電子提供制度の施行日は、2022 年 1 月 1 日〜同年 12 月 31 日のいずれかの日ということになる。

　なお、令和元年改正法の原則的な施行日は、その公布の日から起算して 1 年 6 か月を超えない日とされ（令和元年改正法附則 1 条本文）、具体的には、2021 年 3 月 1 日である（会社法の一部を改正する法律の施行期日を定める政令（令和 2 年政令第 325 号））。これに対し、株主総会資料の電子提供制度の創設については、その施行日が改正法の公布から 3 年 6 か月以内とされているのは、後述するとおり、上場会社に対して同制度の適用が強制されるところ、振替機関、口座管理機関および株主名簿管理人において、システムの改修等が必要となるためである [4]。

2　株主が株主総会の議案の検討時間をより長く確保するための制度

⑴　6 月の株主総会の開催の集中

　では、なぜ、今般、株主総会資料の電子提供制度が創設されることとなったのか。

　相応の分量を有する株主総会参考書類等を株主に対して書面により提供する必要がなくなるという点からは、印刷・郵送のコストの削減という会社にとってのメリットが挙げられる（後記 3 参照）。

　しかし、株主総会資料の電子提供制度の主眼は、以下に述べるとおり、株主が株主総会の議案を検討するための時間をより長く確保することができるようにする点にある。

　1 で述べたとおり、会社法上、公開会社においては、株主総会参考書類等を含む、株主総会の広義の招集通知は、書面により、株主総会の開催日の 2 週間前までに株主に対して発出する必要があるのが原則である（299 条 1 項・2 項、301 条 1 項、302 条 1 項、437 条、444 条 6 項、会社法施行規則 133 条 2 項 1 号、会社計算規則 133 条 2 項 1 号、134 条 1 項 1 号）。

---

3)　http://www.moj.go.jp/content/001327488.pdf
4)　一問一答 47 頁。

　そして、当該 2 週間前とは、株主総会の招集通知の発出日と株主総会の開催日との間が少なくとも 14 日間ある必要があり、かつ、それで足りると解されている[5]。そのため、株主が実際に株主総会の招集通知を受領する日が株主総会の開催日の 2 週間以内であってもよい。

　さらに、機関投資家をはじめ、大多数の株主は、株主総会の当日に出席することはなく、書面投票または電子投票により事前に議決権を行使する。この場合、株主は、株主総会の開催日に先立ち、議決権行使書面の返送（書面投票）や電子投票を行う必要がある。書面投票または電子投票による事前の議決権行使の期限は、株主総会の開催日の 1 営業日前の夕方に設定されるのが通常である（会社法施行規則 69 条、70 条参照）。そして、特に、議決権行使書面は、会社（株主名簿管理人）への到達を当該期限に間に合わせるためには、当該期限の数日前に投函する必要がある。

　以上のとおり、多くの株主にとって、株主総会の招集通知を受領してから議案を検討し、事前に議決権を行使するまでの時間は、会社法上、株主総会の開催日前の 2 週間がきっちり確保されているわけではない。この点は、株主総会の招集通知の発出から受領までに一定の時間を要することを考慮すると、株主総会の当日に出席して議決権を行使する株主にとっても同様である。

　他方で、上場会社を前提とすると、特に、その株主たる機関投資家は、多数の銘柄に投資している。そして、前述のような株主総会の開催日まで 2 週間に満たない期間では、多数の投資先の議案を検討するための時間としては不十分であるとの指摘がされてきた。

　特に、上場会社の多数が 3 月決算であり[6]、その定時株主総会の開催が 6 月に集中している。そのため、機関投資家が 6 月中に検討すべき議案の数は、膨大な数に上り得る。

---

5)　大判昭和 10 年 7 月 15 日民集 14 巻 1401 頁。

6)　東京証券取引所「東証上場会社 コーポレート・ガバナンス白書 2021」によれば、上場会社全体の 63.1％が 3 月決算であり、次いで 12 月決算が 12.5％、9 月決算が 4.5％である（3 頁）。なお、同白書は、2020 年 8 月 14 日時点で東京証券取引所の市場第一部、市場第二部、マザーズおよび JASDAQ に株式を上場している内国会社 3,677 社を対象として分析したものである（1 頁）。

【図表1-Ⅰ　1】最集中日における集中率の推移

（出所：東京証券取引所のホームページ「3月期決算会社株主総会情報」に基づくもの（2020年までの数値））

　この点について、確かに、3月決算の上場会社の定時株主総会の最集中日[7]における集中率は、東京証券取引所によれば、**図表1-Ⅰ-1**のとおり、1995年をピークに低下している。そして、2015年6月に制定されたCGコードの補充原則1-2③において、「上場会社は、株主との建設的な対話の充実や、そのための正確な情報提供等の観点を考慮し、株主総会開催日をはじめとする株主総会関連の日程の適切な設定を行うべきである」とされていることもあり、集中率は、2015年の41.4％に対し、2019年が30.9％、2020年が32.8％、2021年が27.3％となっており、CGコードの制定後、一段と低い水準で推移しているとされている[8]。

　もっとも、集中度合いに関し、特定の日ではなく、少し期間を広げて「6月下旬」でみると、依然として、多くの上場会社がこの期間に定時株主総会を開催している。例えば、2018年において、6月21日（木）〜30

---

7)　3月決算の会社を前提とすると、（最）集中日は、一般に、①6月の最終営業日の前営業日を原則とし、②ただし、当該日が月曜日である場合には、その直前の週の金曜日となるとされている。

日（土）の間に定時株主総会を開催した 3 月決算の上場会社は、全体 2,342 社中 2,097 社（89.5%）、また、2019 年において、6 月 21 日（金）～30 日（日）の間の平日に株主総会を開催した 3 月決算の上場会社は、全体 2,330 社中 1,996 社（85.7%）であり [9]、いずれも 2,000 社前後が 6 月下旬に定時株主総会を開催していることになる [10]。そのため、機関投資家にとって、定時株主総会の招集通知の受領から事前の議決権行使の期限までの 6 月一杯が「繁忙期」であり、議案を検討するための時間を十分に確保し難い状況にあることに変わりはない。

⑵　株主総会の電子提供に関する既存の制度とその限界
①　電磁的方法による株主総会の招集通知の発出

このような状況に対し、機関投資家が、少しでも早く株主総会参考書類等の情報を入手し、議案の検討時間をより長く確保することができるようになるための方策として、会社が、株主に対し、インターネットを利用する方法で株主総会参考書類等を提供する方法が考えられる。この方法を利用すれば、株主総会参考書類等を印刷・封入し、郵送するために要する時間を節減することができる。そのため、会社は、株主総会参考書類等を、書面で提供する場合に比べて早く株主に提供することが可能となる。

---

8)　東京証券取引所のホームページ「3 月期決算会社株主総会情報」（https://www.jpx. co.jp/listing/event-schedules/shareholders-mtg/index.html）。なお、2020 年 は、新型コロナウイルス感染症が世界的に大流行するパンデミックが発生し、その影響で、例年に比べて期末の決算・監査手続に時間と手間を要するなどしたという特殊事情があった。そのため、例年よりも遅いタイミングで定時株主総会を開催したり、7 月以降にその開催を延期したりせざるを得なかった会社も少なくなかったとみられることに留意する必要がある（塚本英巨「2020 年定時株主総会の分析」月刊監査役 2021 年 2 月号 18 頁参照）。そこで、以下において株主総会の傾向について触れる場合は、基本的に、その前の 2019 年以前のデータを取り上げている。

9)　東京証券取引所「2019 年 3 月期決算会社の定時株主総会開催日集計結果（東証上場会社）」。

10)　2020 年において、6 月 21 日（日）～6 月 30 日（火）の間に定時株主総会を開催した 3 月決算の上場会社は、全体 2,278 社中 1,947 社（85.5%）であった。
　　また、2021 年において、6 月 21 日（月）～6 月 30 日（水）の間に定時株主総会を開催した 3 月決算の上場会社は、全体 2,302 社中 2,066 社（89.7%）であった。

　この点について、会社法上、株主総会資料の電子提供制度の創設の前から、株主総会の招集通知の書面による発出の原則（前記1参照）に対する例外として、電磁的方法を利用して招集通知を発出する方法が認められている。すなわち、取締役は、書面による株主総会の招集通知の発出に代えて、株主の個別の承諾を得て、電磁的方法により招集通知を発出することができる（299条3項）。そして、株主の個別の承諾を得て電磁的方法により株主総会の招集通知を発出する場合は、株主総会参考書類（書面投票を認める場合は、これに加えて議決権行使書面）の交付に代えて、これに記載すべき事項を電磁的方法により提供することができ（301条2項、302条2項）[11]、また、（連結）計算書類および事業報告も、電磁的方法により提供することとなる（437条、444条6項、会社法施行規則133条2項2号、会社計算規則133条2項2号、134条1項2号）。

　電磁的方法とは、「電子情報処理組織を使用する方法その他の情報通信の技術を利用する方法であって法務省令で定めるもの」をいい（2条34号）、具体的には、①インターネット等を通じて電子メールを送信する方法、②ホームページ（ウェブサイト）に情報を掲示し、これをダウンロードする方法、③当該情報を記録したフロッピー・ディスク、DVD、CD-ROM、ICカード等の記録媒体を交付する方法がこれに当たる（会社法施行規則222条1項参照）[12]。

　もっとも、電磁的方法により招集通知を発出するためには、上記のとおり、株主の個別の承諾が必要である[13]。そして、上場会社を前提とすると、多数の株主から個別の承諾を取得することは現実的でない。そのため、例えば、株主総会白書2019年版によれば、299条3項に基づく電磁的方法による株主総会の招集通知の発出を採用した上場会社は、62社（無

---

[11]　書面投票または電子投票による事前の議決権行使を認める場合において、電磁的方法による株主総会の招集通知の発出について承諾した株主の請求があった場合は、取締役は、株主総会参考書類（書面投票を認める場合は、これに加えて議決権行使書面）を書面により当該株主に交付しなければならない（301条2項ただし書、302条2項ただし書）。
　　なお、電子投票を認める場合は、取締役は、電磁的方法による株主総会の招集通知の発出について承諾した株主に対し、当該招集通知に際し、議決権行使書面に記載すべき事項を当該電磁的方法により提供しなければならない（302条3項）。

回答の 5 社を除く回答社数 1,689 社の 3.7％）にすぎない。採用していない 1,627 社のうち、「次回の総会では採用の予定」と回答した上場会社は、28 社（1.7％）にとどまる。そして、「採用した」と回答した 62 社における、電磁的方法による招集通知の発出比率について、「1％未満」が 15 社と多数を占め、それ以外は「1％以上 2％未満」が 11 社、「2％以上 10％未満」が 7 社、「10％以上」が 12 社となっており、採用した会社における発出比率も低い状況にある（以上、株主総会白書 2019 年版 64〜65 頁）。

　このように、株主の個別の承諾を得たうえでインターネット等の電磁的方法を利用して当該株主に対して招集通知を発出する制度は、ほとんど採用されていない。

②　ウェブ開示によるみなし提供制度

　このほか、インターネットを利用した株主総会参考書類等の提供の方法として、いわゆるウェブ開示によるみなし提供制度がある。これは、定款の定めがあることを条件として、株主総会参考書類等の記載事項の一部について、株主総会の招集通知の発出時から株主総会の日後 3 か月が経過するまでの間ウェブサイトに掲載することによって、株主に提供したものと

---

12)　江原健志＝太田洋「平成 13 年商法改正に伴う政令・法務省令の制定〔中〕」旬刊商事法務 1628（2002 年 5 月 5・15 日）号 32 頁、相澤哲ほか「新会社法関係法務省令の解説（12・完）　電磁的方法、電磁的記録、設立、清算、持分会社、電子広告」相澤哲編『立案担当者による新会社法関係法務省令の解説』別冊商事法務 300 号（2006）145 頁、弥永真生『コンメンタール会社法施行規則・電子公告規則〔第 3 版〕』（商事法務、2021）1215〜1216 頁。これらの方法は、受信者がファイルへの記録を出力することにより書面を作成する（プリントアウトする）ことができるものでなければならない（会社法施行規則 222 条 2 項）。

13)　当該承諾の取得に関し、取締役は、299 条 3 項に基づき電磁的方法により株主総会の招集通知を発出しようとする場合は、あらかじめ、当該通知の相手方に対し、その用いる電磁的方法の種類および内容を示し、書面または電磁的方法による承諾を得なければならない（会社法施行令 2 条 1 項 2 号、会社法施行規則 230 条）。

　なお、株主の個別の承諾は、株主総会の都度これを得る必要はなく、承諾の撤回の意思表示がない限り継続して電磁的方法により招集通知を発出することについて承諾を得ることが可能であると解されている（中西敏和「株主総会の IT 化と実務の対応」旬刊商事法務 1625（2002 年 4 月 5 日）号 29 頁、江頭憲治郎『株式会社法〔第 8 版〕』（有斐閣、2021）331 頁）。

みなす制度である（会社法施行規則 94 条 1 項、133 条 3 項、会社計算規則 133 条 4 項、134 条 4 項）。

　ウェブ開示によるみなし提供制度の利用に際しては、上記のとおり、定款の定めが必要であるが、株主の個別の承諾は不要である。

　もっとも、株主総会参考書類等の記載事項のうち、類型的に株主の関心が特に高いと考えられる事項や、実際の株主総会において口頭で説明されることが多いと考えられる事項等については、インターネットの利用が困難な株主等の利益に配慮して、当該制度を利用することができないものとされている。あくまでも、株主総会参考書類等の記載事項の一部についてのみ、当該制度の利用が認められるにとどまる（ウェブ開示によるみなし提供制度の対象となる事項については、後掲の**図表 1 - V - 1** 参照）。

　ウェブ開示によるみなし提供制度は、近時、一般に利用されている [14] が、株主総会参考書類等の記載事項の一部についてしか認められていないこともあり、会社側にとっては、必ずしも使い勝手がいいわけではない。

(3)　小　括

　このように、インターネットを利用して株主総会参考書類等を提供する既存の制度には、いずれも、限界がある。

　そこで、今般、機関投資家がより早く株主総会参考書類等を入手し、議案の検討時間をより長く確保することができるようにするため、インターネットを利用する新たな制度として、株主総会資料の電子提供制度が創設されることとなった。同制度のもとでは、株主総会参考書類等に記載すべき事項をはじめとする電子提供措置事項に係る情報について、電子提供措置を開始しなければならない期限は、原則として株主総会の開催日の 3 週間前までである（325 条の 3 第 1 項柱書）。これは、電子提供措置をとらな

---

14)　株主総会白書 2019 年版によると、ウェブ開示を実施した会社は、合計 1,294 社であり、無回答の 8 社を除く全体 1,686 社の 76.7％に上る。もっとも、ウェブ開示の対象としている書類は、個別注記表（1,268 社）および連結注記表（1,221 社）が圧倒的に多く、次いで、株主資本等変動計算書（614 社）および連結株主資本等変動計算書（597 社）である。事業報告（の一部）をウェブ開示の対象とする会社も増えつつある（506 社）が、株主総会参考書類（の一部）をウェブ開示の対象とする会社は僅少である（94 社）（以上、株主総会白書 2019 年版 65〜70 頁参照）。

い場合における株主総会の招集通知の発出期限である、前述の株主総会の開催日の2週間前までよりも早い。これにより、会社法の規律上、株主総会資料の電子提供制度の創設前に比べて、機関投資家をはじめとする株主が株主総会の議案を検討する時間をより長く確保することができることとなる。

　株主総会資料の電子提供制度の特徴は、(2)で述べた既存の制度と比較すると、電磁的方法による株主総会の招集通知の発出制度との関係では、株主の個別の承諾が不要である点が、また、ウェブ開示によるみなし提供制度との関係では、株主総会参考書類等に記載すべき事項のすべてを、インターネットを利用して株主に提供したものとみなすこととしている点が、それぞれ挙げられる。

　なお、会社法上、株主総会の招集通知をその開催日の「2週間前まで」に「書面」により発出することとされていることに関し、CGコードの補充原則1-2②は、機関投資家が議案の検討時間をより長く確保することができるようにするため、上場会社に対し、株主総会の招集通知を（株主総会の開催日の2週間前という法定の期限よりも）早期に発出することや、株主総会の招集通知を発出する前にその電子データをウェブサイトに掲載することを求めている。当該補充原則を踏まえた実務における対応状況は、後記Ⅳの4において、株主総会資料の電子提供制度における規律と関連付けて紹介する。

3　会社にとってのメリットおよびデメリット

(1)　会社にとってのメリット

　1で述べたとおり、株主総会資料の電子提供制度の趣旨・目的は、基本的に、株主・機関投資家サイドにとっての便益を向上させる点にある。

　他方で、会社にとってのメリットが全くないわけではない。株主総会参考書類等は、書面上、株主総会の広義の招集通知の大部分を占めているところ、株主総会資料の電子提供制度のもとでは、これを書面により株主に送付する必要がない。同制度のもとでは、株主総会を招集するにあたり、会社が株主に対して送付すべき書面は、後述するとおり、原則として、い

わゆる狭義の招集通知に相当する書面（アクセス通知）のみであり、せいぜい両面印刷で1枚で足りることとなる。そのため、同制度のもとでは、広義の招集通知を印刷・郵送する場合に比べて、株主に対して送付すべき書面の印刷・郵送のコストを削減することができる。この点が、株主総会資料の電子提供制度の会社にとってのメリットであるといえよう。

また、近時は、株主にとってのわかりやすさという観点から、株主総会の（広義の）招集通知について、会社の様々な創意工夫が見られる。例えば、カラー化やビジュアル化、取締役・監査役の選任議案に係る候補者の顔写真の挿入、非財務情報を中心とした、任意的な記載事項の充実化が挙げられる。他方で、株主総会参考書類等を書面により提供しなければならないとすると、ページ数や構成、予算等の制約の関係上、これらの創意工夫にも限界があり得る。これに対し、インターネットを通じて株主総会参考書類等を提供することができるとなると、その創意工夫をさらに進めることや、より豊富な情報を盛り込むことも可能となり得る。これにより、株主とってさらにわかりやすい、また、株主・投資家との対話の観点からより充実した株主総会参考書類等が作成されることが期待される。

(2) 会社にとってのデメリット

他方で、米国では、わが国に先行して既に株主総会資料の電子提供制度（Notice & Access 制度）が導入されているところ、その課題として、株主の投票率（委任状の回収率）がかなり急激に低下していることが指摘されている。そして、その原因の一つとして、株主総会の狭義の招集通知に相当する、株主に送付される「アクセス通知」に委任状用紙（日本法上の議決権行使書面に相当するもの）を添付することが禁じられており、株主が議決権行使の代理権の授与（投票）をするためにはウェブサイトにアクセスしなければならない仕組みになっていることが挙げられている [15]。

わが国の株主総会資料の電子提供制度のもとでは、後述のとおり、議決権行使書面についても電子提供措置をとらなければならないのが原則であるが、書面により株主に提供することも例外として認められている（325条の3第2項）。そして、後述のとおり、同制度のもとにおいても、会社は、株主に対し、株主総会の狭義の招集通知に相当する書面（アクセス通

知）とともに議決権行使書面を書面により提供するのが一般的となると考えられる。したがって、米国とわが国とでは、株主総会資料の電子提供制度の規律が異なることから、米国において同制度の導入により株主の投票率が低下したからといって、必ずしも、わが国においても、同制度の導入後、株主（特に、個人株主）の投票率が低下するとは限らない。

　もっとも、会社のホームページ等にわざわざアクセスして株主総会参考書類等を閲覧しなければ、議案等の具体的な内容がわからないといったことから、株主が議決権を行使する意欲を失くし、その結果、株主の投票率が低下する可能性も否定できない。そのため、株主に送付しなければならない狭義の招集通知に相当する書面（アクセス通知）またはこれに同封する任意の書面において、株主が議決権を行使するために最低限必要な情報（議案の内容等）を記載するなどの工夫をすることも考えられる（任意の書面の同封については、後記Ⅳの6(3)参照）。

【コラム1-Ⅰ-1】7月総会

　本文で述べた3月決算の上場会社の定時株主総会が6月に集中するという問題は、7月以降に定時株主総会を開催する会社が増えれば解消するはずである。

　この点について、定款上、定時株主総会において議決権を行使することができる株主を定めるための基準日（124条1項。以下「議決権行使基準日」という）として、事業年度の末日が定められるのがきわめて一般的である（同条3項ただし書参照）。そして、基準日に係る権利は、基準日から3か月以内に行使するものでなければならない（同条2項括弧書）。そのため、定時株主総会は、議決権行使基準日たる事業年度の末日から3か月以内に開催されなければならない。

　その結果、3月決算の会社の場合は、議決権行使基準日たる事業年度の末日、すなわち、3月末日から3か月以内の6月末日までに定時株主総会を開催する必

---

15)　田中亘「株主総会と企業統治―株主総会資料の電子提供の問題を中心に―」フィナンシャル・レビュー121号102～104頁（2015）（https://www.mof.go.jp/pri/publication/financial_review/fr_list7/r121/r121_06.pdf）。米国の「Notice & Access制度」の内容についても、当該論文に詳しく解説されている。また、同制度およびカナダの「Notice & Access制度」については、公益社団法人商事法務研究会に設置された会社法研究会の第5回（2016年6月1日開催）の参考資料8「米国及びカナダのNotice & Accessルールの概要」（https://www.shojihomu.or.jp/documents/10448/1483893/20160606s-8.pdf/70bd2dfb-86f1-4007-aebe-ddc352ffdc84）も参照。

要があることとなる。そして、事業年度の末日後には期末監査を行う必要があり、そのための時間等を考慮すると、３月決算の会社において、定時株主総会を５月中に開催することは実際上非常に困難であり、６月中の開催、特に６月下旬の開催が多いこととなる。

　しかしながら、そもそも、議決権行使基準日は、事業年度の末日でなければならないわけではない [16]。また、会社法上も、定時株主総会については、毎事業年度の終了後一定の時期に招集しなければならないとされているにとどまり（296条１項）、事業年度の末日から３か月以内に開催しなければならないとはされていない。

　したがって、会社法上は、定款を変更して議決権行使基準日を事業年度の末日（３月決算の会社であれば３月末日）よりも後の日に設定することにより、定時株主総会を事業年度の末日から３か月が経過した日以降に開催すること、すなわち、３月決算の会社の場合は７月以降に開催することも可能である。

　そして、そのようないわゆる「７月総会」を可能とするため、他の種々の規制上の手当てがされており、実務的にも可能な状況となっている [17]。本文で述べたとおり、CG コードの補充原則 1-2 ③も、「上場会社は、…株主総会開催日をはじめとする株主総会関連の日程の適切な設定を行うべきである」としており、７月総会を期待しているともいえる。

　そのため、７月総会の実現は、各社の判断（定時株主総会に係る議決権行使基準日についての定款の定めを変更することについての判断）にかかっているといえよう。しかしながら、例えば、株主総会白書 2019 年版によれば、３月決算の上場会社に限られないが、決算日（事業年度の末日）から３か月を超えた日を総会日とするための定款変更を行ったかどうかについて、「実施または次回（以降）の総会で実施を検討している」と回答した会社はわずか３社にすぎず、1,572 社が「検討していない」と回答している。また、「検討した」と回答した会社も、「実施するかどうか未定」が 34 社、「実施する予定はない」が 70 社である（株主総会白書 2019 年版 167〜168 頁）。

　このように、実務的には、各社は、「７月総会」についてきわめて消極的であり、当面は、６月総会の集中に関する問題の抜本的な解決は期待し難いといわざるを得ない。

　なお、「７月総会」は、いわゆる「有価証券報告書の総会前提出」を必然的に伴うことになり、株主総会における株主・投資家との対話の充実化（有価証券報告書の内容を踏まえての質疑応答）という効用もある [18]（この点は、会社側の総会

---

16)　田中亘「定時株主総会はなぜ六月開催なのか」黒沼悦郎＝藤田友敬編『江頭憲治郎先生還暦記念・企業法の理論（上）』（商事法務、2007）415 頁参照。

17)　全国株懇連合会の提案書「企業と投資家の建設的な対話に向けて〜対話促進の取組みと今後の課題〜」（2016 年 10 月）44 頁以下参照。

担当者からすると、逆に、想定問答の用意等の負担の増大というデメリットになるであろうが）。すなわち、有価証券報告書は、定時株主総会の開催前にも提出することができる（企業内容等の開示に関する内閣府令 17 条 1 項 1 号ロ括弧書参照）ところ、その提出期限は、あくまでも事業年度経過後 3 か月以内とされている（金融商品取引法 24 条 1 項柱書）。そのため、定時株主総会を事業年度末日から 3 か月経過後に開催する「7 月総会」の場合は、必然的に、当該定時株主総会の開催前に有価証券報告書を提出することになる。

　そして、このように「有価証券報告書の総会前提出」を行い、かつ、「7 月総会」を行う場合は、後述するとおり、電子提供措置をとることの例外である EDINET の特例の利用が現実味を帯びることとなる。

---

18)　金融庁の「投資家と企業の対話ガイドライン」（機関投資家と企業の対話において、重点的に議論することが期待される事項を取りまとめたもの）では、2021 年 6 月の改訂により、4-1-3 が新設され、「株主総会が株主との建設的な対話の場であることを意識し、例えば、有価証券報告書を株主総会開催日の前に提出するなど、株主との建設的な対話の充実に向けた取組みの検討を行っているか」という点が掲げられている。

Ⅱ　電子提供措置とは

1　概　要

Ⅳで述べるとおり、株主総会資料の電子提供制度のもとでは、株主総会参考書類等について「電子提供措置」をとらなければならない（325条の3第1項）。

「電子提供措置」とは、「電磁的方法により株主（種類株主総会を招集する場合にあっては、ある種類の株主に限る。）が情報の提供を受けることができる状態に置く措置であって、法務省令で定めるもの」をいう（325条の2柱書括弧書）。

「電磁的方法」とは、「電子情報処理組織を使用する方法その他の情報通信の技術を利用する方法であって法務省令で定めるもの」をいい（2条34号）、具体的には、会社法施行規則222条に定められているが、電子提供措置として「法務省令に定めるもの」とは、同条1項1号ロに掲げる方法のうち、インターネットに接続された自動公衆送信装置を使用するものによる措置と定められている（会社法施行規則95条の2）。会社法施行規則222条1項1号ロに掲げる方法とは、電子情報処理組織を使用する方法のうち、送信者の使用に係る電子計算機に備えられたファイルに記録された情報の内容を電気通信回線を通じて情報の提供を受ける者の閲覧に供し、当該情報の提供を受ける者の使用に係る電子計算機に備えられたファイルに当該情報を記録する方法をいい、具体的には、自社のホームページ等のウェブサイトにアップロードした情報を受信者がダウンロードすることにより情報を提供する方法をいう[1]。電子提供措置の定義における電磁的方法とは、上記のとおり、このような方法のうち、インターネットに接続さ

れた自動公衆送信措置を使用するものによる措置とされている。「自動公衆送信装置」とは、公衆の用に供する電気通信回線に接続することにより、その記録媒体のうち自動公衆送信の用に供する部分に記録され、または当該装置に入力される情報を自動公衆送信する機能を有する装置をいい（会社法施行規則 94 条 1 項柱書）、いわゆるサーバを意味する。

　以上を要するに、電子提供措置とは、会社が、インターネット上のウェブサイトに株主総会参考書類等の内容である情報に係る電子データをアップロード（掲載）し、株主がその情報の提供を受けることができるようにすることをいう。株主総会参考書類等の内容である情報を掲載すべきウェブサイトについて、会社法上、特段の制限はなく、自社のウェブサイト（ホームページ）だけでなく、契約先等のウェブサイトに掲載することも、電子提供措置として認められると解される[2]。

　他方で、会社法施行規則 222 条 1 項各号に掲げる方法（電磁的方法）は、受信者がファイルへの記録を出力することにより書面を作成することができるものでなければならない（同条 2 項）。したがって、電子提供措置についても、受信者たる株主が、ダウンロードしたファイルを印刷することができるものである必要がある。そのため、後述する電子提供措置の対象となる事項（例えば、事業報告に記載すべき事項）について、動画をホームページに掲載するのみでは、これを印刷することができないため、電子提供措置としては認められないと解される[3]。

2　パスワードの設定

　電子提供措置とは、上記 1 の定義のとおり、「株主（種類株主総会を招集

---

1)　江原健志＝太田洋「平成 13 年商法改正に伴う政令・法務省令の制定〔中〕」旬刊商事法務 1628（2002 年 5 月 5・15 日）号 32 頁、相澤哲ほか「新会社法関係法務省令の解説（12・完）　電磁的方法、電磁的記録、設立、清算、持分会社、電子広告」相澤哲編『立案担当者による新会社法関係法務省令の解説』別冊商事法務 300 号（2006）145 頁、弥永真生『コンメンタール会社法施行規則・電子公告規則〔第 3 版〕』（商事法務、2021）1215〜1216 頁。

2)　省令解説 51 頁。

3)　邉論文 210 頁。

する場合にあっては、ある種類の株主に限る。)」が情報の提供を受けること
ができる状態に置く措置をいう。この点は、電子公告が、「不特定多数の
者」が公告すべき内容である情報の提供を受けることができる状態に置く
措置をいうものと定義されていること（2条34号）と異なる。これは、株
主総会参考書類等の内容である情報について、当該会社の株主がこれを受
けることができれば足り、広く不特定多数の者が受け取ることができる状
態に置く必要がないためである。

　したがって、電子提供措置においては、パスワードを設定するなどし
て、当該会社の株主のみが当該情報の提供を受けることができる状態に置
くことも認められる [4]。もっとも、現在の実務上、会社のホームページ等
に、株主総会参考書類等を含む、株主総会の広義の招集通知を掲載し、株
主に限らず、広く一般に公開するケースがきわめて一般的となっている。
したがって、株主総会参考書類等について電子提供措置をとるにあたり、
あえてパスワードを設定することは、想定し難い。

　なお、議決権行使書面は、議決権を行使すべき株主の氏名または名称を
記載しなければならないこと（会社法施行規則66条1項5号）からすると、
議決権行使書面に記載すべき事項に係る情報について電子提供措置をとる
場合には、当該事項についてパスワードを設定し、当該株主のみが自身の
当該事項を閲覧することができるようにすることが考えられる。もっと
も、後記Ⅳの5(2)のとおり、議決権行使書面については、一定の要件のも
と、そもそも電子提供措置をとらないことが例外的に認められており、当
該例外を利用する会社が多いと想定される。

3　株主総会資料をアップロードするウェブサイトの数

　電子提供措置として株主総会資料をアップロードするウェブサイトは、
一つでなくともよい。電子提供措置は、一定期間継続して行わなければな
らない（325条の3第1項）こととの関係で、通信障害等による中断が生ず
ることが想定され得る。そのような場合に備えて、二つ以上のウェブサイ

---

4)　一問一答16頁。

トで電子提供措置をとることも認められる。この場合には、後述の株主総会の狭義の招集通知に相当する招集通知に、当該二つ以上のウェブサイトのアドレス（すなわち、電子提供措置に係るウェブサイトのすべてのアドレス）を記載する必要がある（325 条の 4 第 2 項 3 号、会社法施行規則 95 条の 3 第 1 項 1 号）。

　なお、電子提供措置の中断が生じた場合のバックアップとして、補助的な位置づけで東京証券取引所のホームページの株主総会資料の公衆縦覧用サイトのアドレスを参照先として指定することができる予定である点について、後記Ⅵの 3 を参照されたい。

Ⅲ　電子提供措置をとるための手続
──特に定款の変更が必要であること

1　総論──三つの事項についての定款変更

　株主総会参考書類等について電子提供措置をとるにあたり、**図表1-Ⅲ-1**の3点の定款変更を行うことが考えられる。**図表1-Ⅲ-1の①**の定款変更は、必須であり、同②および③の定款変更は、任意であるが、実際上、これらのすべての定款変更を行うための株主総会の決議（特別決議。309条2項11号）を経ることになると考えられる。

　他方で、後記5のとおり、株主総会資料の電子提供制度の創設に係る改正の施行日において振替株式の発行会社である会社（上場会社）は、整備法の経過措置により、**図表1-Ⅲ-1の①**の定款の定めがあるものとみなされる。そのため、当該会社は、**図表1-Ⅲ-1の①**の定款の定めを設けるための株主総会の決議は必須ではない。もっとも、後述するとおり、**図表1-Ⅲ-1の②および③**の定款変更をすることから、実際上は、定款変更議案において、同①の定款の定めを設けることも併せて盛り込むことになるのではないかと考えられる。

　なお、当該施行日において振替株式の発行会社である会社であっても、**図表1-Ⅲ-1の②および③**の定款変更については、同①と異なり、整備法上、経過措置（みなし規定）がないため、当該定款変更のための株主総会の決議を経る必要がある点に留意されたい。

【図表1-Ⅲ-1】電子提供措置をとることとする場合の定款変更の内容

①	電子提供措置をとる旨の定款の定めの創設（必須）
②	ウェブ開示に関する定款の定めの廃止（任意）
③	書面交付請求をした株主に交付する電子提供措置事項記載書面の記載事項を一部除外するための定款の定めの創設（任意）

2　電子提供措置をとる旨の定款の定めの創設

(1)　電子提供措置をとる旨の定款の定めの内容

　株主総会参考書類等について電子提供措置をとるためには、電子提供措置をとる旨の定款の定めを設ける必要がある（325条の2第1項）。

　定款の定めの具体的な内容は、株主総会参考書類等の内容である情報について、電子提供措置をとる旨である必要があり、かつ、それで足りる。すなわち、単に、電子提供措置をとる旨を定款に定めれば足り、株主総会参考書類等の内容である情報を掲載するウェブサイトのアドレス（URL）まで定款に定める必要はない[1]。

　これは、ウェブサイトのアドレスまで定款に定めなければならないこととすると、当該アドレスを変更するたびに、株主総会を開催して定款変更の決議を要することとなり、煩雑であるためである。

　なお、株主総会参考書類等の一部についてのみ電子提供措置をとる旨を定款に定めることはできない[2]。

　定款の定めの具体的な内容として、例えば、以下のものが考えられる。

> 「当会社は、株主総会の招集手続を行うときは、電子提供措置をとる。」
> 「当会社は、株主総会の招集に際し、株主総会参考書類等について、電子提供措置をとる。」（本書第2部Ⅱ2参照）
> 「当会社は、株主総会の招集に際し、会社法第325条の2の規定による電子提供措置をとる。」[3]

---

1)　一問一答15頁。
2)　一問一答15頁。
3)　全株懇提案書90頁。

(2)　電子提供措置をとる旨の定款の定めの登記

　325条の2の規定による電子提供措置をとる旨の定款の定めがあるときは、その定めが登記事項とされている（911条3項12号の2）。

　したがって、電子提供措置をとる旨の定款の定めを設けた場合には、その定款変更の効力発生日から2週間以内に、本店の所在地において、当該定款の定めがある旨の変更登記手続をしなければならない（915条1項）。

　なお、株主総会参考書類等の内容である情報を掲載するウェブサイトのアドレスは、定款の定めの内容と同様に、登記の内容ともならないと解される。

(3)　定款の定めを設けることができる会社

　電子提供措置をとる旨の定款の定めを設けることができる会社に制限はない。株式会社であれば、公開会社・非公開会社を問わず、また、取締役会の設置の有無を問わず、電子提供措置をとることができる。

　もっとも、後記Ⅳの2のとおり、電子提供措置をとる旨の定款の定めのある会社が、実際に株主総会参考書類等について電子提供措置とらなければならず、また、電子提供措置をとることによって株主総会参考書類等について書面を株主に交付することを要しないこととなるのは、299条2項各号に掲げる場合、すなわち、①株主総会に出席しない株主が書面投票もしくは電子投票によって事前に議決権を行使することができることとする場合または②取締役会設置会社である場合に限られる。そのため、例えば、取締役会「非設置」の会社が電子提供措置をとる旨の定款の定めを設けても、①の場合に該当しない限りは、実際に電子提供措置をとることはできない。

　また、そもそも、株主総会参考書類等の印刷や郵送のコストの節減といった電子提供制度のメリットは、株主の数が相応に多い会社においてより多く享受することができる。そのため、一般論としては、公開会社（その発行する全部または一部の株式の内容として譲渡制限を設けていない会社（2条5号参照））において電子提供制度を利用することが想定される。そして、公開会社は、必ず取締役会設置会社である（327条1項1号）。したがって、公開会社は、上記②の場合（299条2項2号に掲げる場合）に該当

するため、電子提供措置をとる旨の定款の定めを置くと、必然的に、電子提供措置をとらなければならないこととなる。

3　ウェブ開示に関する定款の定めの廃止

Ⅰの 2 (2)②で述べたとおり、インターネットを利用して株主に対して株主総会参考書類等を提供する制度として、ウェブ開示によるみなし提供制度がある。同制度を利用するためには、定款の定めが必要であるところ、株主総会白書 2019 年版によると、当該定款の定めを設けている上場会社は、1,616 社であり、無回答の 8 社を除く全体 1,686 社の 95.8％に及ぶ（65 頁）。

他方で、株主総会資料の電子提供制度のもとでは、株主総会参考書類等のすべてについて電子提供措置をとることとなるのに対し、ウェブ開示によるみなし提供制度のもとでは、株主総会参考書類等の記載事項の一部についてのみウェブ開示をすることができるにとどまる。

そのため、株主総会資料の電子提供制度を採用する会社、すなわち、電子提供措置をとる旨の定款の定めのある会社において、ウェブ開示によるみなし提供制度に係る定款の定めを残しておく必要はない。

したがって、電子提供措置をとる旨の定款の定めを設ける場合は、ウェブ開示によるみなし提供制度に係る定款の定めを削除することが合理的である。

なお、上場会社については、電子提供措置をとる旨の定款の定めがあるものとみなされるが、後記 5 (2)③(i)イのとおり、そのような株主総会資料の電子提供制度の強制適用に係る経過措置との関係で、ウェブ開示によるみなし提供制度に係る定款の定めの削除について、定款の附則において経過措置を設けておくべきことに留意が必要である。

4　書面交付請求をした株主に交付する電子提供措置事項記載書面の記載事項を一部除外するための定款の定めの創設

後記Ⅴのとおり、株主には「書面交付請求権」が認められており、株主

が、会社に対し、議決権行使基準日までに、電子提供措置をとらなければ
ならない事項（325条の3第1項各号に掲げる事項。以下「電子提供措置事
項」という。325条の5第1項括弧書参照）を記載した書面（以下「電子提供
措置事項記載書面」という。会社法施行規則63条3号ト参照）の交付を請求
した場合には、取締役は、電子提供措置をとるときは、株主総会の招集通
知に際して、当該株主に対し、当該株主総会に係る電子提供措置事項記載
書面を交付しなければならない（325条の5第1項・2項）。

　電子提供措置事項記載書面については、電子提供措置事項のうち法務省
令で定めるものの全部または一部については、これに記載することを要し
ない旨を定款で定めることができる（325条の3第3項）。このように、定
款の定めを設けることにより、電子提供措置事項記載書面に記載すべき電
子提供措置事項を一部除外することができる。

　株主の書面交付請求権は、インターネットの利用が困難である株主の利
益を保護するために認められたものであり、上記の定款の定めを設けるこ
とについては、そのような株主への配慮が必要ではあるといえるものの、
実務上は、多くの会社において、電子提供措置をする旨の定款の定めを設
けることと併せて、上記の定款の定めを設けることになるとみられる[4]。

　当該定款の定めの具体的な内容として、例えば、以下のものが考えられ
る（2で述べた電子提供措置をとる旨の定款の定めと同じ条文の中で規定する
ことになると考えられる）。

「当会社は、電子提供措置をとるべき事項のうち法令の定める事項の全部または一部
について、書面交付請求をした株主に対して交付する書面に記載しないこととするこ
とができる。」

「当会社は、第○条により電子提供措置をとった事項のうち、法務省令で定めるもの
について、会社法第325条の5第1項の書面交付請求をした株主に対し交付する書面
に記載しないこととすることができる。」[5]

---

4)　なお、ウェブ開示によるみなし提供制度に係る定款の定めを、325条の3第3項に
　規定する定款の定め（電子提供措置事項記載書面に記載すべき電子提供措置事項を一
　部除外することとする定款の定め）にそのまま流用することはできないと解される
　（座談会86頁〔竹林俊憲発言〕）。
5)　全株懇提案書90頁。

なお、上場会社については、電子提供措置をとる旨の定款の定めがあるものとみなされるが、後記5(2)③(i)のとおり、そのような株主総会資料の電子提供制度の強制適用に係る経過措置との関係で、電子提供措置事項記載書面の記載事項を一部除外するための定款の定めを設けるタイミングについて留意が必要である。

5　上場会社への強制適用とその経過措置（定款の定めのみなし規定）

(1)　株主総会資料の電子提供制度の上場会社への強制適用

Ⅰの2で述べたとおり、株主総会資料の電子提供制度は、要するに、特に6月に上場会社の株主総会の開催が集中し、機関投資家が議案を検討する時間を十分に確保することができないことに鑑み、株主総会参考書類等について、書面の印刷・封入・郵送に要する時間を無くし、機関投資家がより早くその内容を確認することができるようにすることを目的としたものである。

したがって、株主総会資料の電子提供制度は、基本的に、上場会社の株主にとっての必要性から創設されたものであり、上場会社による利用が想定されている。

そこで、整備法により振替法が改正され、上場会社に対し、株主総会資料の電子提供制度の採用が「強制」されている。すなわち、振替法159条の2が新設され、「電子提供措置に関する会社法の特例」として、振替株式[6]を発行する会社、すなわち、上場会社は、電子提供措置をとる旨を定款で定めなければならないものとされている。電子提供措置をとる旨を定めていなければ、その発行する株式を振替機関に取り扱ってもらえないということである。

このように、上場会社は、株主総会資料の電子提供制度の採用が強制されていることが、同制度の最大のポイントである。

---

[6]　「振替株式」とは、株券を発行する旨の定款の定めがない会社の株式（譲渡制限株式を除く）で振替機関が取り扱うものをいう（振替法128条1項）。

⑵　上場会社への強制適用に係る経過措置

①　電子提供措置をとる旨の定款の定めのみなし規定等

　株主総会資料の電子提供制度が上場会社に強制適用されることから、同制度の施行日以後に上場するためには、電子提供措置をとる旨の定款の定めを設けておく必要がある（Ⅰの1で述べたとおり、施行日は、2022（令和4）年中が予定されている）。

　では、施行日時点で既に上場している会社は、どうなるのか。2⑴で述べたとおり、電子提供措置をとる旨の定めを定款に設けるためには、定款変更の手続が必要であり、上場会社は、施行日までに定款変更をしなければならないのか、また、施行日までに定款変更がされなければ上場廃止となってしまうのか。

　この点については、整備法において、振替法の改正に伴う経過措置が設けられている。すなわち、施行日において振替株式を発行している会社（上場会社）は、施行日をその定款の変更が効力を生ずる日とする電子提供措置をとる旨の定款の定めを設ける定款の変更の決議をしたものとみなされる（整備法10条2項）。

　施行日に既に上場している会社は、定款変更の手続を実際にとることを要することなく法律上当然に、施行日に、電子提供措置をとる旨の定款の定めが存在することとなるということである。

　なお、上記4のとおり、書面交付請求をした株主に対して交付する電子提供措置事項記載書面に記載すべき事項について、定款の定めを設けることにより、その一部を電子提供措置事項記載書面に記載しないこととすることができる。当該定款の定めについては、上記電子提供措置をとる旨の定款の定めと異なり、みなし規定が設けられていない。したがって、施行日時点で既に上場している会社は、電子提供措置事項記載書面に記載すべき事項の一部除外に係る当該定款の定めを設けるためには、別途、定款変更に係る株主総会の特別決議を経る必要があることに留意する必要がある。

　また、電子提供措置をとる旨の定款の定めについての登記（911条3項12号の2）に関しても経過措置が設けられている。本来、電子提供措置をとる旨の定款の定めを設けた場合には、その定款変更の効力発生日から2

週間以内に、本店の所在地において、当該定款の定めがある旨の変更登記手続をしなければならない（915条1項）。しかし、整備法10条2項に定める上記の経過措置により施行日に電子提供措置をとる旨の定款の定めを設ける定款の変更の決議をしたものとみなされた会社は、施行日から6か月以内に、その本店の所在地において、電子提供措置をとる旨の定款の定めがある旨の登記をしなければならないとされている（整備法10条4項）[7]。ただし、施行日から当該登記をするまでに他の登記をするときは、当該他の登記と同時に、電子提供措置をとる旨の定款の定めがある旨の登記をしなければならない（整備法10条5項）[8]。代表取締役、代表執行役または清算人がこれらの登記手続を懈怠した場合は、100万円以下の過料に処せられる（整備法10条8項）。

②　みなし規定に係る経過措置——株主総会資料の電子提供制度の6か月間の適用猶予と株主の書面交付請求についての例外

　後記Ⅳの2のとおり、電子提供措置をとる旨の定款の定めがある会社は、①株主総会に出席しない株主が書面投票もしくは電子投票によって事前に議決権を行使することができることとする場合または②取締役会設置会社である場合に、必ず、電子提供措置をとらなければならないのが原則である。

　施行日に上場会社である会社は、施行日に電子提供措置をとる旨の定款の定めが存在することになるところ、少なくとも②取締役会設置会社である（東京証券取引所の有価証券上場規程437条1項1号）。したがって、当該

---

7)　当該登記の申請書には、整備法10条2項の規定により定款の変更の決議をしたものとみなされた場合に該当することを証する書面を添付しなければならない（同条7項）。これは、施行日において振替株式を発行している会社であることを証する書面ということになると考えられるが、具体的にどのような書面を添付すべきかについては、今後、法務省等により、登記申請の取扱いが明らかにされるのではないかと思われる。

8)　さらに、施行日から、電子提供措置をとる旨の定款の定めがある旨の登記をするまでに当該登記事項に変更を生じたときは、遅滞なく、当該変更に係る登記と同時に、変更前の事項の登記をしなければならない（整備法10条6項）。例えば、施行日後、電子提供措置をとる旨の定款の定めがある旨の登記をする前に上場廃止となり、当該定款の定めを廃止（削除）した場合が、これに当たるものと考えられる。

上場会社は、施行日以後に開催される株主総会から電子提供措置をとらなければならないこととなるようにも思われるが、この点についても経過措置が設けられている。整備法10条3項は、同条2項の規定により定款の変更の決議をしたものとみなされた会社の取締役が株主総会（種類株主総会を含む）の招集手続を行う場合 **（当該株主総会の日が施行日から6か月以内の日である場合に限る）** における当該株主総会の招集手続については、325条の3〜325条の7まで **（325条の5第1項を除く）** の規定にかかわらず、なお従前の例による、すなわち、株主総会資料の電子提供制度に係る新規定を適用しないとしている。

　ややわかりづらい規定であるが、以下に述べるとおり、上記太字下線を付した二つの括弧書の定めが重要であり、その趣旨は、施行日において上場会社である会社の株主が書面交付請求権を行使する機会を確保する点にある[9]。

(i)　株主総会資料の電子提供制度の6か月間の適用猶予

　まず、施行日に上場会社である会社は、施行日に電子提供措置をとる旨の定款の定めが存在するとみなされるにもかかわらず、株主総会資料の電子提供制度に係る新規定が直ちには適用されず、株主総会参考書類等について電子提供措置をとる必要がなく、従前どおりの株主総会の招集手続によらなければならないが、それは、あくまでも、その開催日が施行日から6か月以内の日である株主総会（種類株主総会を含む）に限られる。上場会社は、その開催日を施行日から6か月以内の日とする株主総会については、開催日の2週間前までに、株主総会参考書類等を含む広義の招集通知を書面により株主に対して発しなければならないということである（299条1項）。

　これに対し、上場会社は、施行日から6か月が経過した日以降を開催日とする株主総会については、株主総会参考書類等について電子提供措置をとらなければならない。

　施行日はまだ確定していないが、上場会社において、施行日以降に開催

---

9)　一問一答47頁。

する株主総会の開催日が施行日から6か月以内であるか、それともその経過後であるかにより、電子提供措置をとることの要否が異なることに留意する必要がある。

(ii)　株主の書面交付請求に関する適用時期についての例外

(i)で述べたとおり、上場会社は、施行日に電子提供措置をとる旨の定款の定めが存在するとみなされるものの、実際に株主総会資料の電子提供制度が適用されるのは、施行日から6か月が経過した日以降を開催日とする株主総会からである。

しかし、上場会社の株主の書面交付請求権については例外が定められており、株主総会資料の電子提供制度に係る条文のうち、株主の書面交付請求権を定める325条の5第1項については、上記(i)の経過措置の適用から除外されている。したがって、上場会社の株主は、施行日、すなわち、電子提供措置をとる旨の定款の定めがあるとみなされる日から、325条の5第1項に基づき、当該上場会社に対し、書面交付請求をすることができる。ただし、書面交付請求権を行使した株主が実際に電子提供措置事項記載書面の交付を受けることができるのは、株主総会資料の電子提供制度が適用される株主総会、すなわち、施行日から6か月が経過した日以降を開催日とする株主総会からである。

上場会社の株主は、施行日から6か月以内のタイミングであっても、当該上場会社に対し、書面交付請求をすることができるということである。そして、株主は、施行日から6か月以内のタイミングであっても、当該6か月が経過した日以降を開催日とする株主総会に係る議決権行使基準日までに書面交付請求をしておけば、当該株主総会に係る電子提供措置事項記載書面の交付を受けることができる（V3で述べるとおり、書面交付請求は、議決権行使基準日までに行う必要がある。325条の5第2項括弧書）。

特に、当該株主総会に係る議決権行使基準日が、施行日から6か月以内の日であっても、株主は、当該議決権行使基準日までに書面交付請求をすることにより、当該株主総会に係る電子提供措置事項記載書面の交付を受けることができるという点が、以上の経過措置に係る例外のポイントである。このことは、株主に書面交付請求をするために少なくとも3か月間の

【図表1-Ⅲ-2】株主の書面交付請求に係る経過措置

準備期間を与えることを意味すると説明される[10]。すなわち、上場会社が電子提供措置をとることを要する株主総会は、最も早くて施行日から6か月が経過した日の直後に開催される株主総会である。そして、株主が当該株主総会について電子提供措置事項記載書面の交付を受けるためには、当該株主総会に係る議決権行使基準日までに書面交付請求をする必要がある。他方で、当該株主総会に係る議決権行使基準日は、当該株主総会の前3か月以内に設定されている必要があり（124条2項）、したがって、最も早くて、施行日から3か月が経過した日の直後の日であることとなる。そうすると、株主にとっては、施行日から当該議決権行使基準日までの間、すなわち、少なくとも施行日から3か月間が、書面交付請求権を行使するための期間として確保されることとなる（図表1-Ⅲ-2参照）。

③　経過措置の具体的な適用の検討

　施行日がいつであるかが明らかでないためイメージがしづらいかもしれないが、上場会社に対する経過措置の適用について、定時株主総会の開催日のタイミングと施行日との関係をパターンに分けて検討することとしたい。検討のポイントは、以下のとおりである（以下で述べる点については、第2部Ⅱの3も参照）。

---

10)　邉論文216〜217頁。

①	電子提供措置をとる旨の定款の定めについて、振替法の改正に係る経過措置により、施行日に当該定めがあるものとみなされるが、いつの株主総会から電子提供措置をとることを要するか。
②	電子提供措置をとる旨の定款の定めについて、振替法の改正に係る経過措置により、施行日に当該定めがあるものとみなされるが、形式的に、当該定めを設けるための株主総会の決議を経ておくか、また、経ておくとして、いつの株主総会において行うか。
③	株主は、いつの時点から書面交付請求をすることができ、また、いつの株主総会から電子提供措置事項記載書面の交付を受けることができるか。
④	書面交付請求をした株主に交付する電子提供措置事項記載書面に記載すべき事項を一部除外することができるものとする定めを設けるための定款変更をいつの株主総会において行うか。
⑤	ウェブ開示によるみなし提供制度に係る定めを廃止するための定款変更をいつの株主総会において行うか。

(i) 施行日後最初の定時株主総会が施行日後6か月以内に開催される場合

ア　原則的な対応

　施行日後最初の定時株主総会（以下「第1回定時株主総会」という）が施行日後6か月以内に開催される場合には、取締役は、電子提供措置をとる旨の定款の定めがあるものとみなされるにもかかわらず、当該第1回定時株主総会について、電子提供措置をとることができず、従前どおり、株主総会参考書類等を含む広義の招集通知を書面により株主に送付する必要がある。そして、取締役が電子提供措置をとらなければならない定時株主総会は、施行日から6か月が経過した後に開催される、翌年の定時株主総会（以下「第2回定時株主総会」という）からである（ポイント①）。

　株主は、施行日以降、書面交付請求をすることができるが、第1回定時株主総会について、電子提供措置がとられないため、電子提供措置事項記載書面の交付を受けることができない。書面交付請求をした株主が電子提供措置事項記載書面の交付を受けることができるのは、施行日後6か月が経過した後に開催される翌年の定時株主総会（第2回定時株主総会）についてである（ただし、第2回定時株主総会に係る議決権行使基準日までに書面交付請求がされた場合に限る）（ポイント③）。

【図表 1 - Ⅲ - 3】 施行日後最初の定時株主総会が施行日後 6 か月以内に開催されるケースの例：12 月総会の上場会社（2022 年 9 月 1 日が施行日と仮定）

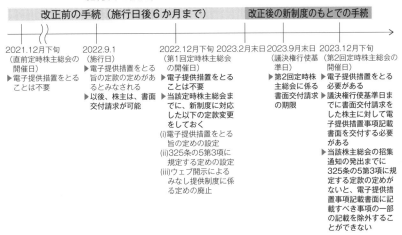

会社は、第 2 回定時株主総会に係る電子提供措置事項記載書面に記載すべき事項の一部の記載を除外するためには、遅くとも第 1 回定時株主総会において定款を変更し、325 条の 5 第 3 項に規定する定めを設ける必要がある（ポイント④）。

また、ウェブ開示によるみなし提供制度に係る定めについても、第 1 回定時株主総会においてその廃止に係る定款変更を行うことになる（ポイント⑤）。ただし、次のイで述べる理由から、定款変更の附則において、ウェブ開示によるみなし提供制度に係る定めは、当該廃止にかかわらず、施行日から 9 か月が経過した日までなお効力を有する旨を定めておくのが無難であろう（ポイント⑤）。

さらに、電子提供措置をとる旨の定款の定めは、施行日に設けられるものとみなされるが、第 1 回定時株主総会において、以上の定款変更と併せて、当該定めを設けることについて任意に定款変更の決議を経ておくことが考えられる（ポイント②）。

図表 1 - Ⅲ - 3 は、仮に 2022 年 9 月 1 日が施行日であるとした場合に、施行日後最初の定時株主総会（第 1 回定時株主総会）が施行日後 6 か月以

内に開催されるケースとして、12月総会の上場会社における適用関係を表したものである（当該仮定のもとでは、第1回定時株主総会が2023年2月末日までに開催される上場会社について、同様に当てはまる）。

イ　施行日前に所要の定款変更をしておくという対応

　以上にかかわらず、施行日前に開催する定時株主総会において、所要の定款変更をしておくという考え方もあるかもしれない。

　すなわち、施行日前の直近に開催される定時株主総会（以下「直前定時株主総会」という）において、(i)電子提供措置をとる旨の定款の定めの創設、(ii)325条の5第3項に規定する定めの創設および(iii)ウェブ開示によるみなし提供制度に係る定めの廃止についての定款変更を行うことが考えられる。この場合には、定款変更の附則において、(i)および(ii)の定款変更の効力は、施行日にその効力が発生する旨を定めることが考えられ、また、(iii)に関し、ウェブ開示によるみなし提供制度に係る定めは、施行日から9か月が経過する日までは従前どおりなお効力を有する旨を定めることが考えられる。後者の経過措置を設けておく理由は、施行日から6か月以内に開催される株主総会については、従前どおりの手続により開催され、ウェブ開示によるみなし提供制度を利用する意味があるためであり、かつ、ウェブ開示は、当該株主総会に係る招集通知を発出する時から当該株主総会の日から3か月が経過する日まで行わなければならならず（会社法施行規則94条1項本文等）、施行日から最長9か月を経過する日まで行う必要があるためである。具体的には、定款変更の附則において、(ア)施行日から6か月以内の日を株主総会の日とする株主総会については、削除されるとされたウェブ開示によるみなし提供制度に係る定款の定めはなお効力を有する旨および(イ)当該附則は、施行日から6か月を経過した日または当該株主総会の日から3か月を経過した日のいずれか遅い日後にこれを削除する旨を設けることが考えられる[11]。

【コラム1-Ⅲ-1】解釈上の論点──任意の定款変更とみなし規定との関係

　本文の5(2)③(i)イで述べたように、施行日前に開催する定時株主総会（直近定時株主総会）において、所要の定款変更を行う場合、特に、整備法10条3項に定める経過措置によるみなし規定にかかわらず、任意に、電子提供措置をとる旨の定款の定めを設ける場合であっても、当該経過措置に係る一連の規律の適用を受けることになるか。

　本文で述べたとおり、整備法10条2項は、施行日において振替株式を発行している会社は、施行日をその定款変更が効力を生ずる日とする電子提供措置をとる旨の定款の定めを設ける定款変更の決議をしたものとみなすと定め、そのうえで、同条3項は、「前項の規定により定款の変更の決議をしたものとみなされた会社」の取締役が株主総会の招集手続を行う場合について、当該株主総会の開催日が施行日から6か月以内の日である場合には、なお従前の例によるとしつつ、325条の5第1項の株主の書面交付請求権のみは、施行日からその行使をすることができるものとしている。

　そうすると、施行日前に開催する定時株主総会において、任意に、電子提供措置をとる旨の定めを設けるための定款変更の決議をした会社は、整備法10条2項の「規定により定款の変更の決議をしたものとみなされた会社」に該当せず、同条3項に定める経過措置の適用を受けない、すなわち、施行日から6か月以内に開催するかどうかにかかわらず、施行日以後に開催する株主総会のすべてについて、電子提供措置をとることとなるとの解釈もあり得るところである。

　しかしながら、整備法10条3項に定める経過措置は、本文で述べたとおり、株主が書面交付請求をするための猶予期間を設ける点にその趣旨がある。そのような趣旨に鑑みれば、施行日前に、任意に、電子提供措置をとる旨の定款の定めを設けるための株主総会の決議を行った場合に、整備法10条3項に定める経過措置の適用がないと解すると、株主は、施行日以後最初に開催される株主総会（これについて電子提供措置がとられる）から電子提供措置事項記載書面の交付を受けることができない可能性が生じてしまう。

　会社が施行日前に任意に定款変更を行うかどうかにより整備法10条3項に定める経過措置の適用の有無が異なるというこのような解釈は、当該経過措置の趣旨にそぐわないと思われる。

　したがって、施行日前に、任意に、電子提供措置をとる旨の定款の定めを設けるための株主総会の決議を行った場合であっても、整備法10条3項に定める経過措置の適用があると解される[12]。

　よって、施行日以後6か月以内に開催される第1回定時株主総会に関する規律

---

12)　座談会88〜89頁〔竹林俊憲発言〕、邉論文217頁。

は、電子提供措置をとる旨の定款の定めにかかわらず、本文の5⑵③(i)アで述べたところが当てはまる。

(ii)　施行日後最初の定時株主総会が施行日から6か月が経過した後に開催される場合

　施行日後最初の定時株主総会である第1回定時株主総会が施行日後6か月が経過した後に開催される場合には、取締役は、当該第1回定時株主総会から、電子提供措置をとらなければならない（ポイント①）。

　株主は、施行日以降、書面交付請求をすることができ、第1回定時株主総会に係る議決権行使基準日までに書面交付請求をすることにより、第1回定時株主総会（およびそれ以降開催される定時株主総会）に係る電子提供措置事項記載書面の交付を受けることができる（ポイント③）。

　会社は、第1回定時株主総会に係る電子提供措置事項記載書面に記載すべき事項の一部の記載を不要とするためには、遅くとも、その1回前の、施行日前の直近に開催される定時株主総会（直前定時株主総会）において定款を変更し、325条の5第3項に規定する定めを設ける必要がある（ポイント④）。仮に、直前定時株主総会において、325条の5第3項に規定する定めを設けるための定款変更をしておかないと、第1回定時株主総会は、施行日後6か月経過後に開催される定時株主総会であるため、株主が当該第1回定時株主総会に係る議決権行使基準日までに書面交付請求をした場合には、当該株主に対して電子提供措置事項記載書面を交付する必要があるところ、その交付の時点では325条の5第3項に規定する定めがないため、当該電子提供措置事項記載書面に記載すべき事項の一部の記載を除外することができないこととなる点に留意する必要がある（当該第1回定時株主総会の招集通知の発出までに、325条の5第3項に規定する定款の定めが存在しないため）。

　また、ウェブ開示によるみなし提供制度に係る定めについては、第1回定時株主総会（施行日後6か月が経過した後に開催される定時株主総会）においてその廃止に係る定款の変更を行えば足りる。もっとも、直前定時株主総会において325条の5第3項に規定する定めを設けることから、これと

【図表１-Ⅲ-4】施行日後最初の定時株主総会が施行日から６か月経過後に開催されるケースの例：６月総会の上場会社（2022年９月１日が施行日と仮定）

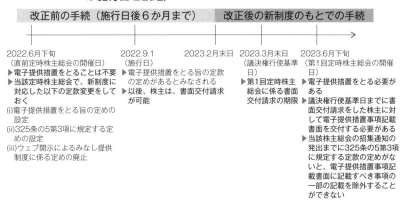

併せて、ウェブ開示によるみなし提供制度に係る定めを廃止しておくことが合理的である。ただし、この場合も、施行日後６か月以内に（臨時）株主総会が開催される場合に備えて、念のため、上記(i)イと同様、定款変更の附則において、ウェブ開示によるみなし提供制度に係る定めは、当該廃止にかかわらず、施行日から９か月が経過した日までなお効力を有する旨を定めておくのが無難であろう（ポイント⑤）。

　さらに、電子提供措置をとる旨の定款の定めは、施行日に設けられるものとみなされるが、直前定時株主総会において、当該定めを設けることについて任意に定款変更の決議を経ておくことが考えられる（ポイント②）。当該定款変更については、その附則において、施行日にその効力が発生する旨を定めることが考えられる。

　図表１-Ⅲ-4は、仮に2022年９月１日が施行日であるとした場合に、施行日後最初の定時株主総会（第１回定時株主総会）が施行日から６か月が経過した後に開催されるケースとして、６月総会の上場会社における適用関係を表したものである（当該仮定のもとでは、第１回定時株主総会が2023年３月１日以後に開催される上場会社について、同様に当てはまる）。

Ⅳ　電子提供措置をとる場合の手続
──電子提供措置の実施と招集通知の発出

1　総論──電子提供措置をとらなければならない会社の株主総会スケジュールとその実施にあたっての検討ポイント

　詳細は3以下で解説するが、3月決算・6月総会の会社を例にとると、電子提供措置をとる旨の定款の定めがある会社が実際に電子提供措置をとらなければならない場合の株主総会のスケジュールは、概要、**図表1-Ⅳ-1**のとおりである。大雑把にいえば、原則として株主総会の開催日の遅くとも3週間前までに株主総会参考書類等について電子提供措置をとり、かつ、同開催日の遅くとも2週間前までに狭義の招集通知に相当する書面（アクセス通知）を発出する必要がある。

　電子提供措置をとる場合の検討ポイントは、主に、以下のとおりである。

①	電子提供措置をとるタイミングをいつにするか、また、狭義の招集通知に相当する書面（アクセス通知）を実際に発出するタイミングをいつにするか（**4**および**6**）
②	議決権行使書面について、電子提供措置をとるか、それとも、電子提供措置をとらず、従前どおり、株主に対して書面により交付するか（**5**(2)）
③	株主総会参考書類等について、電子提供措置をとった上で、株主に対してその全部又は一部を書面により提供するかどうか（すなわち、フルセット・デリバリーを行うかどうか）（**6**(3)）
④	書面交付請求をした株主に交付する電子提供措置事項記載書面の記載事項を一部除外するための定款の定めを設けるかどうか、また、当該定款の定めを設けた場合に、具体的にいずれの事項を除外することとするか（**Ⅴ**の**7**）
⑤	書面交付請求をした株主に対する異議申述手続をとるかどうか、また、当該手続をとる場合に、どの程度の頻度で、いつとるか（**Ⅴ**の**8**）

【図表１-Ⅳ-１】電子提供措置をとらなければならない場合の株主総会のスケ
ジュール（３月決算・６月総会の会社）

① 　３月末日：議決権行使基準日＝株主による書面交付請求の期限

② 　６月初：開催日の３週間前まで
　　・株主総会参考書類等の電子提供措置の開始期限
　　　※ただし、下記③の招集通知の発送が開催日の３週間前より早く行われ
　　　　る場合は、電子提供措置もその発送日から開始しなければならない

③ 　６月上～中旬：開催日の２週間前まで
　　・株主総会の招集通知の発送期限
　　・書面交付請求をした株主に対する電子提供措置事項記載書面の交付期限

④ 　６月下旬
　　・株主総会の開催日

⑤ 　９月下旬：株主総会の日後３か月を経過する日
　　・電子提供措置の終了
　　・株主総会の決議の取消しの訴えの提起期限

電子提供措置期間

2　電子提供措置をとらなければならない場合とは

　電子提供措置をとるためには、Ⅲの２で述べたとおり、大前提として、電子提供措置をとる旨の定款の定めを設ける必要がある。

　他方で、電子提供措置をとる旨の定款の定めがある会社が常に株主総会参考書類等について電子提供措置をとらなければならないわけではない。

　電子提供措置をとる旨の定款の定めがある会社において、電子提供措置をとらなければならない場合とは、299条２項各号に掲げる場合、すなわち、①株主総会に出席しない株主が書面投票もしくは電子投票によって事前に議決権を行使することができることとする場合または②取締役会設置会社である場合である（325条の３第１項）。これらのいずれかに該当する場合は、取締役は、株主総会の開催日の３週間前の日または招集通知を発した日のいずれか早い日（以下「電子提供措置開始日」という。325条の３第１項参照）から株主総会の開催日後３か月を経過する日までの間（以下「電

子提供措置期間」という。325条の3第1項参照）、電子提供措置事項（株主総会参考書類等に記載すべき事項等の一定の事項。325条の5第1項参照）に係る情報について継続して電子提供措置をとらなければならない（325条の3第1項）。

　なお、325条の3第1項（325条の7において種類株主総会について準用する場合を含む）の規定に違反して電子提供措置をとらなかったときは、取締役は、100万円以下の過料に処せられる（976条19号）。

　これらの①または②の場合とは、株主総会の招集通知を書面でしなければならない場合である（299条2項柱書）。①株主総会に出席しない株主が書面投票または電子投票によって事前に議決権を行使することができることとする場合には、取締役は、株主総会の招集通知に際して、株主に対し、株主総会参考書類（書面投票を認める場合は、これに加えて、議決権行使書面）を交付しなければならない（301条1項、302条1項）。また、②取締役会設置会社である場合には、取締役は、定時株主総会の招集の通知に際して、株主に対し、計算書類および事業報告（および監査報告または会計監査報告）ならびに連結計算書類を提供しなければならない（437条、444条6項）。このように、①または②の場合には、書面により株主総会の招集通知を行うに際して、株主総会参考書類等を交付しなければならないところ、電子提供措置をとる旨の定款の定めがある会社の取締役は、この場合に限定して、株主総会参考書類等について電子提供措置をとらなければならないものとするものである。したがって、電子提供措置をとる旨の定款の定めがある会社であっても、①または②のいずれの場合にも該当しない場合（すなわち、株主総会の招集通知を書面ですることを要しない場合）には、電子提供措置をとることを要しない。この点を示したものが、**図表1-Ⅳ-2**である。

　繰り返しになるが、電子提供措置をとる旨の定款の定めがある会社では、①株主総会に出席しない株主が書面投票もしくは電子投票によって事前に議決権を行使することができることとする場合または②取締役会設置会社である場合には、電子提供措置を「必ず」とらなければならない。逆にいえば、株主総会参考書類等に記載すべき事項といった電子提供措置をとらなければならない事項（電子提供措置事項）について、書面を株主に

【図表1-Ⅳ-2】電子提供措置をとる旨の定款の定めがある会社において電子提供措置をとらなければならない場合

電子提供措置をとる旨の定款の定めがある会社の類型	電子提供措置の実施の要否
公開会社	必ず取締役会設置会社でなければならない（327Ⅰ①）ため、常に電子提供措置をとることが必要（325の3Ⅰ、299Ⅱ②）
非公開会社	①書面投票もしくは電子投票によって事前に議決権を行使することができることとする場合または②取締役会設置会社である場合は、電子提供措置をとることが必要（325の3Ⅰ、299Ⅱ①②）
取締役会「設置」会社	常に電子提供措置をとることが必要（325の3Ⅰ、299Ⅱ②）
取締役会「非設置」会社	書面投票または電子投票によって事前に議決権を行使することができることとする場合は、電子提供措置をとることが必要（325の3Ⅰ、299Ⅱ①）

提供することによって、電子提供措置をとらないこととすることはできない。電子提供措置をとる旨の定款の定めがある会社の取締役には、上記①または②のいずれかの場合に該当する場合は、株主総会の招集にあたり、電子提供措置事項について電子提供措置を「とらない」という選択肢はない。

　他方で、電子提供措置事項について電子提供措置をとりつつ、それと併せて、電子提供措置事項が記載された書面を株主に提供すること（いわゆるフルセット・デリバリー）は、認められる（後記6(3)参照）。

【コラム1-Ⅳ-1】解釈上の論点——株主が株主総会を招集する場合における電子提供措置の要否

　株主総会の招集権限は、原則として取締役が有する（298条1項）。

　これに対し、株主には、株主総会の招集請求権が認められている。すなわち、総株主の議決権の3％以上を6か月間継続して有する株主は、取締役に対し、株主総会の招集を請求することができ（297条1項。なお、公開会社でない会社の

株主には、6か月間の継続保有要件が課されない。同条2項）、当該招集請求後遅滞なく招集手続が行われない場合または当該請求の日から8週間以内の日を株主総会の開催日とする株主総会の招集通知が発せられない場合は、裁判所の許可を得て、当該招集請求をした株主が自ら株主総会を招集することができる（同条4項）。

　電子提供措置をとる旨の定款の定めがある場合において、株主が自ら株主総会を開催するときに、当該株主総会の招集者たる当該株主は、株主総会参考書類等について電子提供措置をとらなければならないかが問題となる（なお、本文で述べた、電子提供措置をとらなければならない場合の要件を満たしていることを前提とする）。

　この点について、会社法は、株主総会の招集手続に係る規律に関し、「取締役」を主語として一定の手続をとることを要するものとしつつ、298条1項柱書括弧書において、297条4項の規定により株主が株主総会を招集する場合には、「取締役」との文言を「当該株主」と読み替えるものとし、298条2項および299条～302条において同じものとしている。その結果、株主が株主総会を招集する場合は、当該株主が、当該株主総会の招集通知の発出をし（299条1項）、また、書面投票または電子投票による事前の議決権行使を認める場合における株主総会参考書類や議決権行使書面の株主に対する交付をしなければならないこととなる（301条、302条）。

　ところが、電子提供措置をとる旨の定めがある場合に電子提供措置をとることの義務は、325条の2第1項において、「取締役」に課されている（具体的には、「電子提供措置をとる旨の定款の定めがある株式会社の取締役は」、電子提供措置をとらなければならないものとされている）ところ、同項の「取締役」の文言については、298条1項柱書括弧書と異なり、297条4項の規定により株主が株主総会を招集する場合には「当該株主」と読み替える旨が定められていない。

　そうすると、裁判所の許可を得て自ら株主総会を招集する株主には、電子提供措置をとる義務が課されていないように読める。

　この点について、電子提供措置は、株主総会の開催日に先立つ所定の日からその開催日後3か月を経過する日までの間継続して行わなければならず、後記Ⅳの2のとおり、その中断は、株主総会の決議の瑕疵（株主総会の決議の取消事由。831条1項1号）となり得る。そのような重い義務を、個人株主も含め、自ら株主総会を招集する株主に課すのは酷であるようにも思われる。そのため、実質論としても、株主に電子提供措置をとることを求めることは、適切でないとの政策判断が行われたとも解し得る。

　以上から、電子提供措置をとる旨の定款の定めがある場合であり、かつ、325条の3第1項に定める電子提供措置をとらなければならない場合の要件を満たしている場合であっても、株主が裁判所の許可を得て自ら株主総会を招集するとき

は、当該株主は、株主総会参考書類等について電子提供措置をとることを要さず、株主総会の招集手続に係る規律の原則に戻って、株主に対し、株主総会参考書類等を書面により交付しなければならないと解される[1]。

3　電子提供措置をとるにあたって取締役会決議が必要となる事項

　2で述べたとおり、電子提供措置をとる旨の定款の定めがあり、かつ、①株主総会に出席しない株主が書面投票もしくは電子投票によって事前に議決権を行使することができることとする場合または②取締役会設置会社である場合には、取締役は、株主総会の招集にあたり、必ず、電子提供措置をとらなければならない（325条の3第1項）。そのため、取締役会において株主総会の招集を決定する（298条4項）[2]にあたり、電子提供措置をとること自体について特段の決議を経ることは要しない。

　他方で、取締役会において株主総会の招集に関する事項（299条1項各号、会社法施行規則63条各号）を決定するにあたり、電子提供措置に関して特に決議を要することになり得る事項として、**図表1-Ⅳ-3**の事項がある（298条4項・1項5号、会社法施行規則63条）。**図表1-Ⅳ-3**の①および②の各事項に係る取締役会の決議については、電子提供措置をとる最初の株主総会を招集する取締役会においてこれを決定するとともに、以後の株主総会にも適用する旨を決定することが可能であると解され、この場合は、電子提供措置をとる株主総会の招集の都度、これを決定する必要はな

---

1)　結論において同旨のものとして、太田洋＝野澤大和編著『令和元年会社法改正と実務対応』（商事法務、2021）106〜107頁〔太田洋＝髙木弘明〕。

2)　既に述べたとおり、電子提供措置をとる旨の定款の定めがある会社が取締役会「非設置」会社であっても、書面投票または電子投票によって事前に議決権を行使することができることとする場合は、電子提供措置をとることが必要となる。しかし、取締役会「非設置」会社が電子提供措置をとることはあまり想定されないため、以下では、取締役会「設置」会社を前提として論ずる。取締役会「非設置」会社については、「取締役会の決議」とある箇所は、「取締役の決定」と適宜読み替えていただきたい（348条3項3号参照）。

【図表1-Ⅳ-3】株主総会の招集を決定する取締役会において決議を要する、電子提供措置に関する事項

①	書面投票または電子投票による事前の議決権行使を認める場合において、株主総会参考書類に記載すべき事項のうち、325条の5第3項の規定による定款の定めに基づき電子提供措置事項記載書面に記載しないものとする事項（会社法施行規則63条3号ト）
②	書面投票および電子投票の両方による事前の議決権行使を認める場合において、電子提供措置をとる旨の定款の定めがあるときに、電磁的方法により株主総会の招集通知を発出することについての承諾（299条3項）をした株主の請求があった時に議決権行使書面に記載すべき事項（当該株主に係る事項に限る）に係る情報について電子提供措置をとることとするときは、その旨（会社法施行規則63条4号ハ）

い。

　前述のとおり、書面交付請求をした株主に対して交付すべき電子提供措置事項記載書面（電子提供措置事項を記載した書面。会社法施行規則63条3号ト）に記載すべき事項の一部について、定款の定めを設けることにより、これを電子提供措置事項記載書面に記載することを要しないこととすることができる。**図表1-Ⅳ-3の①**は、当該定款の定めに基づき、株主総会参考書類に記載すべき事項の一部を電子提供措置事項記載書面に記載しないこととする場合には、いずれの事項を記載しないこととするかについて、取締役会の決議を要するということである。これは、ウェブ開示によるみなし提供制度（会社法施行規則94条）を利用することにより株主に対して提供する株主総会参考書類に記載しないものとする事項がある場合は、株主総会の招集に係る取締役会の決議によりこれを決定しなければならないものとされていること（会社法施行規則63条3号ホ）と平仄を合わせたものである。なお、株主総会参考書類に記載すべき事項以外の電子提供措置事項について、その一部を電子提供措置事項記載書面に記載しないこととすることに関しては、取締役会の決議は求められていない（定款の定めは必要である）。

　図表1-Ⅳ-3の②の事項に関しては、本来、電子投票による事前の議決権行使を認める場合には、取締役は、電磁的方法による株主総会の招集通知の発出についての承諾（299条3項）をした株主に対する電磁的方法に

IV　電子提供措置をとる場合の手続──電子提供措置の実施と招集通知の発出

よる通知に際して、株主に対し、議決権行使書面に記載すべき事項を当該
電磁的方法により提供しなければならない（302条3項）。他方で、書面投
票による事前の議決権行使を認める場合には、当該承諾をした株主に対
し、301条1項の規定による議決権行使書面の交付に代えて、これに記載
すべき事項を電磁的方法により提供することができるとされ、ただし、当
該株主の請求があったときは、議決権行使書面を当該株主に交付しなけれ
ばならないとされている（301条2項）。

　以上の規律に関し、株主総会資料の電子提供制度をとらない、通常の株
主総会の招集手続においては、書面投票および電子投票の両方による事前
の議決権行使を認める場合に、電磁的方法により株主総会の招集通知を発
出することについての承諾をした株主の請求があった時に初めて当該株主
に対して301条1項の規定による議決権行使書面の交付または当該交付に
代えて行う同条2項の規定による電磁的方法による提供をすることとす
る、すなわち、当該請求があるまでは、議決権行使書面の交付・提供をし
ないこととするときは、その旨を株主総会の招集に係る取締役会の決議に
より決定するものとされている（会社法施行規則63条4号イ）。そして、取
締役会の決議により当該事項を定めた場合には、会社は、電磁的方法によ
り株主総会の招集通知を発出することについての承諾をした株主の請求が
あった時に、当該株主に対して、議決権行使書面の交付・提供をしなけれ
ばならないものとされている（会社法施行規則66条2項）。これは、上記承
諾をした株主について、当該株主からの請求がない限り、議決権行使手段
を複数与えることを回避することを会社に認めるものであるとされる[3]。

　他方で、電子提供措置をとる場合には、原則として、議決権行使書面に
係る情報について電子提供措置をとることを要し（325条の3第1項2号）、
株主にこれを交付することを要しない（325条の4第3項）。

　この点を踏まえ、上記②は、会社法施行規則63条4号イと平仄を合わ
せる形で、書面投票および電子投票の両方による事前の議決権行使を認め
る場合において、電子提供措置をとる旨の定款の定めがあるときは、電磁
的方法により株主総会の招集通知を発出することについての承諾をした株

---

[3]　弥永真生『コンメンタール会社法施行規則・電子公告規則〔第3版〕』（商事法務、
　　2021）345〜346頁。

主の請求があった時に初めて議決権行使書面に記載すべき事項に係る情報について電子提供措置をとることとするときは、その旨を株主総会の招集に係る取締役会の決議により決定することとするものである。

　そして、会社法施行規則66条3項本文は、取締役会の決議により当該事項を定めた場合には、会社は、電磁的方法により株主総会の招集通知を発出することについての承諾をした株主の請求があった時に、議決権行使書面に記載すべき事項に係る情報について電子提供措置をとらなければならないものとしている。ただし、5(2)で述べるとおり、取締役が株主総会の招集通知に際して株主に対し議決権行使書面を交付するときは、議決権行使書面に記載すべき事項に係る情報について電子提供措置をとることを要しない（325条の3第2項）。そのため、会社法施行規則66条3項ただし書は、325条の3第2項の規定により取締役が株主総会の招集通知に際して株主に対し議決権行使書面を交付するときは、電磁的方法により株主総会の招集通知を発出することについての承諾をした株主の請求があっても、議決権行使書面に記載すべき事項に係る情報について電子提供措置をとることを要しないものとしている。

4　電子提供措置の開始期限

(1)　会社法の原則的な定め

　2で述べたとおり、株主総会参考書類等に記載すべき事項をはじめとする電子提供措置事項に係る情報についての電子提供措置は、①株主総会の開催日の3週間前の日または②招集通知を発した日のいずれか早い日から開始しなければならず、当該開始すべき日が「電子提供措置開始日」と定義されている（325条の3第1項柱書）。なお、後記6のとおり、狭義の招集通知に相当する書面（アクセス通知）の発出期限は、株主総会の開催日の2週間前である（325条の4第1項）。

　①株主総会の開催日の3週間前の日について、電子提供措置を午前0時に開始する場合は、当該開始する日を含めて、当該日から株主総会の開催日の前日（同日を含む）まで21日間あることを要し、かつ、それで足りると解される。株主総会の開催日の3週間前の日までに電子提供措置を開始

しなければならないというのは、株主にとって、ウェブサイト上で電子提供措置事項を閲覧することができる期間として丸3週間（21日間）を確保する必要があるという趣旨であると解されるためである[4]。したがって、例えば、株主総会の開催日が6月29日であるとすると、遅くとも6月8日午前0時までに電子提供措置を開始しておけばよいこととなる。

　他方で、②招集通知を発した日が株主総会の開催日の3週間前の日よりも早い場合は、当該日が電子提供措置開始日となり、遅くとも当該日の午前0時までに電子提供措置を開始している必要があると解される。したがって、株主総会の開催日が6月29日であるとすると、例えば、当該開催日の3週間前の日より早い6月1日に招集通知を発送した場合は、遅くとも6月1日午前0時までに電子提供措置を開始していなければならないこととなる。

　ところで、電子提供措置をとらない場合における株主総会の招集通知の発出期限は、原則として、株主総会の開催日の2週間前までである（299条1項）。これは、株主総会参考書類や事業報告、（連結）計算書類を招集通知に同封しなければならない場合も異ならない。

　このように、電子提供措置をとらない場合における株主総会の（広義の）招集通知の発出期限（株主総会の開催日の2週間前）に比べて、電子提供措置の開始期限（同3週間前）が前倒しされていることに留意する必要がある。これは、株主総会参考書類等について、電子提供措置をとる場合には、その印刷や封入、郵送のための時間が不要となることを踏まえたものである。そして、このように、電子提供措置開始日が、電子提供措置をとらない場合における株主総会の招集通知の発出期限よりも早くなっているのは、株主総会資料の電子提供制度の創設の趣旨として述べたとおり、機関投資家をはじめとする株主が株主総会の議案を検討する時間をより長く確保するためである（Ⅰの2参照）。

　なお、2でも述べたとおり、電子提供措置は、電子提供措置開始日から株主総会の開催日後3か月を経過する日までの間、継続して行わなければ

---

[4]　会社法の下で逆算により期間が設定される場合における期間計算の方法について、内田修平「実務問答会社法　第21回　組織再編と期間計算」旬刊商事法務2166号（2018）72頁参照。

ならない（325条の3第1項柱書）。これは、電子提供措置事項に係る情報
は、株主総会の決議の取消しの訴えに係る訴訟において、証拠等として使
用される可能性があるところ、当該訴えの提訴期間が当該決議の日から3
か月以内とされていること（831条1項柱書）との平仄を合わせたことに
よるものである[5]。

(2) 上場会社の招集通知の発出時期等についての実務（電子提供制度創設前の実務）

(1)で述べたとおり、株主総会参考書類等に記載すべき事項をはじめとす
る電子提供措置事項に係る情報について、電子提供措置を開始しなければ
ならない期限は、原則として株主総会の開催日の3週間前までであり、電
子提供措置をとらない場合における株主総会の招集通知の発出期限よりも
早い。

　ところで、上場会社は、CGコードにおいて、株主総会の招集通知の早
期発送や、招集通知に記載する情報のその発送前のウェブサイトにおける
公表を求められている（補充原則1-2②）。これは、株主総会の招集通知に
ついて、株主総会の開催日の2週間前という法定の発出期限よりも早くこ
れを発出することを求めるものである。また、株主総会参考書類を含む広
義の招集通知について、その電子ファイルは、書面の招集通知の発出のタ
イミングよりも前に（書面の印刷・封入に要する時間がない分だけ早く）出
来上がっており、その発出に先立って公表することが可能であることか
ら、そのウェブサイトへの掲載を求めるものである。

　当該補充原則の実施に関する実務の状況に関し、株主総会白書2019年
版に基づき、招集通知のウェブサイトへの掲載日が株主総会の開催日の何
日前かを示したものが、**図表1-Ⅳ-4**である。

　招集通知のウェブサイトへの掲載日が株主総会の開催日の何日前かにつ
いて、最も多かったのが「29日以上前」で233社、次いで、「21日前」が
178社、「22日前」が174社、「28日前」が169社、「23日前」が125社で
ある（株主総会白書2019年版73〜74頁）。株主総会の開催日前の21日以上

---

5)　一問一答23頁。

【図表1-Ⅳ-4】招集通知の総会前ウェブサイト掲載日（ウェブサイトへの掲載をしていない30社及び無回答10社を除く回答社数合計1,654社）

（社数、カッコ内は％）

13 日前	14 日前	15 日前	16 日前	17 日前	18 日前	19 日前	20 日前	21 日前	22 日前
13 (0.8)	17 (1.0)	44 (2.7)	60 (3.6)	54 (3.3)	38 (2.3)	66 (4.0)	98 (6.0)	178 (10.8)	174 (10.5)

23 日前	24 日前	25 日前	26 日前	27 日前	28 日前	29日 以上前
125 (7.6)	101 (6.1)	66 (4.0)	105 (6.3)	113 (6.8)	169 (10.2)	233 (14.1)

（出典）　株主総会白書2019年版73頁に基づき筆者作成

前（3週間以上前）に株主総会の招集通知をウェブサイトに掲載した会社は、合計1,264社で全体の76.4％であり、4分の3を超えている（株主総会白書2019年版70～72頁）。

　このような状況に鑑みると、特に上場会社では、株主総会の開催日の3週間以上前に、株主総会の広義の招集通知をウェブサイトに掲載することは、既に一般的な実務となっているとすらいえる。そのため、電子提供措置の開始期限が株主総会の開催日の3週間前の日とされていることは、さほど重い負担を課すものではない。

(3)　上場会社における例外としての「3週間以上前」の電子提供措置の実施の努力義務（法制審議会の附帯決議とそれに基づく上場規則の改正）

　(2)で述べたところからすると、電子提供措置の開始期限が株主総会の開催日の3週間前までであることは、会社にとって酷でないばかりか、現状の実務を追認するものにすぎず、株主・投資家にとって、議案の検討時間をより長く確保するという点でさほど大きなメリットをもたらすものではないといえる。

　この点を踏まえ、2019年2月、令和元年改正法に係る会社法制の見直

しに関し、法務省法制審議会において「会社法制（企業統治等関係）の見直しに関する要綱」が採択されるにあたり、その附帯決議第1項において、「本要綱に定めるもののほか、金融商品取引所の規則において、上場会社は、株主による議案の十分な検討期間を確保するために電子提供措置を株主総会の日の3週間前よりも早期に開始するよう努める旨の規律を設ける必要がある」とされた。

　そして、当該附帯決議の内容に沿って、金融商品取引所の規則（上場規則）が、2021年3月1日を施行日として既に改正されている。すなわち、東京証券取引所の有価証券上場規程446条は、上場会社は、株主総会における議決権行使を容易にするための環境整備として有価証券上場規程施行規則で定める事項を行うよう努めるものとするとしているところ、改正後の有価証券上場規程施行規則437条3号は、当該努力義務に係る具体的な取扱いとして、上場会社は、株主総会の招集通知、株主総会参考書類、計算書類・連結計算書類および事業報告等を、株主総会の日の3週間前よりも早期に、電磁的方法により投資者が提供を受けることができる状態に置くことを掲げている。

　したがって、努力義務ではあるものの、上場会社は、株主総会の開催日の3週間前よりも早いタイミングで電子提供措置をとることが求められている。株主総会資料の電子提供制度の株主・投資家にとってのメリットが実際に大きいものであるかどうかは、上場規則の定める上記努力義務を踏まえた実務の動向にかかっているといえる。

　この点に関し、CGコードの補充原則1-2②は、株主総会の招集通知の早期発送や、招集通知に記載する情報のその発送前のウェブサイトにおける公表を求めているところ、CGコードが2021年6月に改訂されるにあたり、改訂されていない。

　他方で、金融庁の「投資家と企業の対話ガイドライン」では、2021年6月の改訂により、4-1-2が新設され、「株主総会の招集通知に記載する情報を、内容の確定後速やかにTDnet及び自社のウェブサイト等で公表するなど、株主が総会議案の十分な検討期間を確保することができるような情報開示に努めているか」という点が掲げられている。

　CGコードの補充原則1-2②が、狭義の招集通知に相当する書面（アク

50

セス通知）の発出だけでなく、株主総会参考書類等に記載すべき事項をはじめとする電子提供措置事項についての電子提供措置を、法定の期限よりも早く実施することを求める趣旨であるかは必ずしも明らかではない。しかしながら、上記東京証券取引所の規則の定める努力義務や「投資家と企業の対話ガイドライン」4-1-2 を踏まえると、法定の開始期限である株主総会の開催日の３週間前よりも早く電子提供措置を開始することについて、機関投資家からの圧力が今後高まることが予想される。

⑷　招集通知の発出時期の前倒しによる電子提供措置の開始時期の前倒し

⑴で述べたとおり、電子提供措置の開始時期について、そのデフォルトルールは、株主総会の開催日の３週間前までであるが、これよりも早く招集通知を発した場合には、遅くとも当該招集通知の発出日に電子提供措置を開始しなければならないこと（325 条の３第１項柱書）に留意する必要がある。

そして、株主総会の招集通知の発出期限は、後述するとおり、株主総会の開催日の２週間前までである（325 条の４第１項）。したがって、株主総会の招集通知をこれよりも１週間以上早く発出した場合に、それに伴い、電子提供措置を開始しなければならない日も早まることとなる。

ところで、株主総会参考書類等をウェブサイトに掲載し、電子提供措置をせっかく開始しても、そのことが株主に知られていなければ、意味がない。そのような観点からは、電子提供措置が開始されてからあまり時間を空けずに（すなわち、法定の発出期限である株主総会の開催日の２週間前までよりも早く）株主に対して招集通知を発出し、電子提供措置がとられていることを株主に知らせることが望ましいともいえる。

この点に関し、株主総会資料の電子提供制度の創設前の状況ではあるが、株主総会白書 2019 年版に基づき、上場会社において、招集通知の発出日が株主総会の開催日の何日前かという点を示したものが、**図表１-Ⅳ-５**である。

招集通知の発出日が株主総会の開催日の何日前かについて、最も多かったのが「21 日前」で 381 社、次いで、「22 日前」が 251 社、「20 日前」が

【図表1-Ⅳ-5】株主総会の招集通知の発出日（無回答7社を除く回答社数合計
　　　　　　　1,687社）

（社数、カッコ内は％）

14日前 （法定期限）	15 日前	16 日前	17 日前	18 日前	19 日前	20 日前	21 日前	22 日前
103 (6.1)	145 (8.6)	152 (9.0)	97 (5.7)	123 (7.3)	119 (7.1)	185 (11.0)	381 (22.6)	251 (14.9)

23 日前	24 日前	25 日前	26 日前	27 日前	28 日前	29日 以上前
37 (2.2)	31 (1.8)	22 (1.3)	12 (0.7)	17 (1.0)	7 (0.4)	5 (0.3)

（出典）　株主総会白書2019年版71頁に基づき筆者作成

185社、「16日前」が152社であり、法定期限の「14日前」は103社で
あった。株主総会の開催日の21日以上前（3週間以上前）に株主総会の招
集通知を書面で発出した会社は、合計763社で全体の45.2％である（株主
総会白書2019年版70〜72頁）。

　電子提供制度のもとにおいては、書面で発出すべき招集通知は、後述す
るとおり、広義の招集通知ではなく狭義の招集通知に相当する書面で足り
る。そのため、電子提供措置をとる場合における招集通知は、電子提供措
置をとらない場合における招集通知ほどには印刷に時間を要しないといえ
る。

　広義の招集通知ですら、**図表1-Ⅳ-5**のとおり、株主総会の開催日の3
週間以上前に発出している会社が半数近くあることからすると、電子提供
制度のもとにおいても、株主総会の開催日の3週間以上前に招集通知（狭
義の招集通知に相当する書面）を発出することが、株主総会の担当者にそれ
ほど大きな負荷をかけることになるとまではいえないかもしれない。

　そこで、電子提供制度の施行後の実務の動向として、株主総会の招集通
知を発出するタイミングが、その施行前の実務と同様、株主総会の開催日
の3週間前よりも早いタイミングとなる傾向が進み、それに伴い、電子提
供措置の開始のタイミングも、遅くともそのような招集通知の発出日と同
じか、さらにはもっと早い日となる傾向が徐々に進む可能性もある。

【図表 1 - Ⅳ- 6】招集通知の発出前のウェブサイトへの掲載（発出前に掲載していない 145 社および無回答 8 社を除く回答社数合計 1,541 社）

（社数、カッコ内は％）

発出日前日	2 日前	3 日前	4 日間	5 日前	6 日前	7 日前	8 日以上前
347 (22.5)	165 (10.7)	171 (11.1)	147 (9.5)	136 (8.8)	128 (8.3)	243 (15.8)	204 (13.2)

（出典）　株主総会白書 2019 年版 72 頁に基づき筆者作成

　ちなみに、株主総会白書 2019 年版には、株主総会の招集通知の発出前のウェブサイトへの掲載（発出の何日前にウェブサイトへの掲載をしているか）に関するアンケート調査結果も示されており（72〜73 頁）、その内容は、**図表 1 - Ⅳ- 6** のとおりである。ただし、株主総会の開催日に先立ってどれくらい早く株主総会の招集通知を発出しているかによって、その発出よりもいかに早くウェブサイトに招集通知を掲載することができるかの難易度が異なり得る（招集通知を早く発出すればするほど、電子ファイルの内容の確定から発出までの時間は短くなるため、招集通知をウェブサイトに掲載する日と発出する日との間隔はあまり広がらないこととなる）。**図表 1 - Ⅳ- 6** のアンケート調査結果を評価するにあたっては、その点に留意する必要がある。

　以上の招集通知の発出のタイミングの前倒しに関しては、後述するとおり、書面交付請求をした株主に対し、株主総会の招集通知を発出するのと同じタイミングで、電子提供措置事項記載書面も交付しなければならないこと（325 条の 5 第 2 項）に留意する必要がある。要するに、書面交付請求をした株主に対しては、広義の招集通知に相当する内容を記載した「書面」を交付しなければならない。そのため、株主総会の招集通知の発出するタイミングを早めると、書面交付請求をした株主に対して電子提供措置事項記載書面を交付するタイミングも早まることになる。

5　電子提供措置事項の内容

(1)　原則的な取扱い

　電子提供措置をとる旨の定款の定めがある会社の取締役が電子提供措置をとらなければならない「電子提供措置事項」とは、**図表1-Ⅳ-7**に掲げる事項である（325条の3第1項各号）。要するに、改正前におけるいわゆる広義の招集通知（298条1項各号に掲げる事項を記載したいわゆる狭義の招集通知に、株主総会参考書類、事業報告および（連結）計算書類を加えたもの）に記載すべき事項に係る情報が、電子提供措置事項である。

　Ⅱの1で述べたとおり、これらの電子提供措置事項を自社のホームページ等のウェブサイトに掲載するにあたり、当該措置が電子提供措置として認められるためには、株主が、掲載されたファイルを印刷することができる必要がある（会社法施行規則222条2項）。

　電子提供措置事項に関して補足すると、**図表1-Ⅳ-7**の②の議決権行使書面について、株主は、株主総会に出席せず、当該議決権行使書面を使用して書面による議決権行使をするためには、自身で、電子提供措置がとられている議決権行使書面に記載すべき事項に係る情報をダウンロードし、これを印刷したうえで、必要事項を記入して、会社に議決権行使書面を返送することになる（311条1項参照。なお、議決権行使書面についての電子提供措置の例外に関し、(2)参照）。

　次に、**図表1-Ⅳ-7**の④の株主の議案要領通知請求権とは、株主が、取締役に対し、株主総会の日の8週間前までに、株主総会の目的である事項につき当該株主が提出しようとする議案の要領を株主に通知することを請求することができる権利をいう（305条1項）。そして、**図表1-Ⅳ-7**の④のとおり、株主の議案要領通知請求があった場合には、取締役は、当該議案の要領に係る情報について電子提供措置をとらなければならない。

　ところで、取締役が株主総会の招集通知を299条2項に基づき書面により行う場合には、株主は、当該議案要領通知請求を行うに際し、当該株主が提出しようとする議案の要領を当該招集通知に記載することを請求することができるものとされている（305条1項括弧書）。他方で、電子提供措

【図表1-Ⅳ-7】電子提供措置事項

①	298条1項各号に掲げる以下の事項
	・株主総会の日時および場所
	・株主総会の目的である事項があるときは、当該事項
	・株主総会に出席しない株主が書面によって議決権を行使すること（書面投票）ができることとするときは、その旨
	・株主総会に出席しない株主が電磁的方法によって議決権を行使すること（電子投票）ができることとするときは、その旨
	・会社法施行規則63条各号に掲げる事項
②	書面による議決権行使（書面投票）を認める場合（※）には、株主総会参考書類および議決権行使書面に記載すべき事項
③	電磁的方法による議決権行使（電子投票）を認める場合には、株主総会参考書類に記載すべき事項
④	305条1項の規定による株主の議案要領通知請求があった場合には、当該議案の要領
⑤	事業報告および計算書類（監査報告または会計監査報告を含む）に記載・記録された事項（会社が取締役会設置会社である場合において、定時株主総会を招集するとき）
⑥	連結計算書類に記載・記録された事項（会社が会計監査人設置会社（取締役会設置会社に限る）である場合において、定時株主総会を招集するとき） ・連結計算書類に係る監査報告または会計監査報告は、電子提供措置をとることを要しない。他方で、連結計算書類に係る監査報告または会計監査報告があり、かつ、その内容をも株主に対して提供することを定めたときは、当該提供に代えて当該監査報告または会計監査報告に記載・記録された事項に係る情報について電子提供措置をとることができる（会社計算規則134条3項）。この場合であっても、当該連結計算書類に係る監査報告または会計監査報告が325条の5第1項に定める「電子提供措置事項」に含まれることになるわけではない（パブコメ回答第3、1⑾⑦（56頁））。
⑦	以上の事項を修正したときは、その旨および修正前の事項

（※）　取締役は、株主（株主総会において決議をすることができる事項の全部につき議決権を行使することができない株主を除く）の数が1,000名以上である場合には、原則として、株主総会に出席しない株主が書面によって議決権を行使することができることとしなければならない（書面投票制度を採用しなければならない）とされている（298条2項本文）。

　　なお、上場会社は、上場規則により、当該株主の数が1,000名に満たない場合であっても、原則として、書面投票制度を採用することが義務づけられている（東京証券取引所有価証券上場規程435条）。

置をとる旨の定款の定めがある会社の取締役が電子提供措置をとらなけれ
ばならない場合、すなわち、株主総会の招集通知を書面でしなければなら
ない場合（299条2項各号に掲げる場合）には、**図表1-Ⅳ-7**の④のとお
り、当該議案の要領に係る情報について電子提供措置をとらなければなら
ないこととの関係で、325条の4第4項において、305条1項の読替えが
されている。すなわち、電子提供措置をとる旨の定款の定めがある会社に
おいては、議案要領通知請求を行う株主は、当該議案の要領を招集通知に
記載することではなく、当該議案の要領について電子提供措置をとること
を請求することができるものとされている。

　図表1-Ⅳ-7の⑤の事業報告および計算書類に記載・記録された事項に
関し、電子提供措置事項を定める325条の3第1項5号では、「第
四百三十七条の計算書類及び事業報告」とされている。437条では、取締
役会設置会社においては、取締役は、定時株主総会の招集の通知に際し、
株主に対し、436条3項の取締役会の承認を受けた計算書類および事業報
告を提供しなければならないと定められているが、これとともに、同条1
項または2項の規定により計算書類および事業報告ならびにこれらの附属
明細書について監査役等または会計監査人の監査を受けなければならない
場合には、監査報告または会計監査報告も提供しなければならないと定め
られている。したがって、計算書類等について監査を受けなければならな
い場合には、計算書類および事業報告のみならず、その監査報告または会
計監査報告に記載され、または記録された事項に係る情報についても電子
提供措置をとらなければならない[6]。

　図表1-Ⅳ-7の⑥の連結計算書類に記載・記録された事項に関し、連結
計算書類に係る監査役等の監査報告および会計監査人の会計監査報告（444
条4項参照）は、定時株主総会の招集通知に際して株主に対し提供する必
要がない（同条6項、会社計算規則134条2項参照）。そのため、連結計算書
類に係る監査役等の監査報告および会計監査人の会計監査報告は、電子提
供措置をとることは必須でない（電子提供措置事項に含まれない）。他方で、
定時株主総会の招集通知に際して、連結計算書類とともにその監査報告ま

---

6)　一問一答21頁。

たは会計監査報告を株主に対し提供することとすることができる（会社計算規則134条2項）。このこととの関係で、電子提供措置をとる旨の定款の定めがある場合において、連結計算書類に係る監査報告または会計監査報告があり、かつ、その内容をも株主に対して提供することを定めたときは、当該提供に代えて当該監査報告または会計監査報告に記載・記録された事項に係る情報について電子提供措置をとることができるものとされている（会社計算規則134条3項）。

　最後に、2で述べたとおり、299条2項各号に掲げる場合、すなわち、株主総会の招集通知を書面でしなければならない場合には、取締役は、（定時）株主総会の招集通知に際して、株主に対し、株主総会参考書類および議決権行使書面ならびに（連結）計算書類および事業報告を交付・提供しなければならないところ、電子提供措置をとる旨の定款の定めがある会社では、**図表1-Ⅳ-7**の②、③、⑤および⑥のとおり、これらの書面に記載すべき事項に係る情報について電子提供措置をとらなければならない。そして、そもそも、電子提供制度自体は、これらの書面の株主への交付・提供を要しないものとするものである。そこで、325条の4第3項は、301条1項、302条1項、437条および444条6項の規定にかかわらず、電子提供措置をとる旨の定款の定めがある会社においては、取締役は、株主総会の招集通知に際して、株主に対し、これらの株主総会参考書類等を交付・提供することを要しないものとしている。

【コラム1-Ⅳ-2】解釈上の論点——電子提供措置事項の修正の方法とその範囲

1　電子提供措置事項の修正の方法

　図表1-Ⅳ-7の⑦のとおり、325条の3第1項7号は、同①〜⑥の電子提供措置事項を修正したときは、その旨および修正「前」の事項について電子提供措置をとるものとしている。このことは、同①〜⑥の電子提供措置事項を修正することができることを前提とするものであることはいうまでもない。

　他方で、修正の内容それ自体（すなわち、修正後の内容）は、電子提供措置をとらなければならない事項（電子提供措置事項）として掲げられていないが、電子提供措置の方法によって、**図表1-Ⅳ-7**の①〜⑥の電子提供措置事項（例えば、

株主総会参考書類や事業報告、(連結)計算書類に記載すべき事項)の内容そのものを修正後の内容に変更することができるという趣旨であると解される。このことは、325条の6柱書括弧書において、325条の3第1項7号の規定による修正が、電子提供措置事項に係る情報の「改変」から除かれていることにも示されていると考えられる。

　この点に関し、立案担当者は、電子提供措置事項を修正したときは、「その旨及び修正前の事項」が電子提供措置事項とされているのは、株主総会資料の電子提供制度の創設の以前から、株主総会参考書類、事業報告および(連結)計算書類については、株主総会の招集通知を発出した日から株主総会の開催日の前日までの間に修正をすべき事情が生じた場合における修正後の事項を株主に周知させる方法を、株主総会の招集通知と併せて通知することができるとされている(会社法施行規則65条3項、133条6項、会社計算規則133条7項、134条7項(改正法務省令による改正前は同条6項))ところ、実務上は、株主に周知させる方法としてウェブサイトに掲載する方法(いわゆるウェブ修正)が定められ、株主総会の招集通知と併せて通知されている例が多いことを踏まえたものであるとしている[7]。

　これは、株主総会資料の電子提供制度のもとにおいても、電子提供措置事項たる株主総会参考書類等に記載すべき事項の修正について、ウェブ修正その他上記の会社法施行規則65条3項等に基づき行うことを想定しているようにも思われる(一問一答20頁、30頁～31頁は、このような理解を前提とした記述であるとも読める)。ウェブ修正の方法をとる場合は、株主総会の招集通知において、ホームページ等のウェブサイトのアドレスを株主に通知しておき、修正後の事項を当該ウェブサイトに掲載することによって、当該修正後の事項を株主に周知させることとなるが、これは結局、電子提供措置の方法によって修正することと同じである。

　なお、ウェブ修正が明文の規定では定められていない、株主総会の狭義の招集通知や監査役等の監査報告又は会計監査人の会計監査報告についても、ウェブ修正と同様の修正をすることができると解されている[8]。

　電子提供措置事項の修正と書面交付請求をした株主に対して交付する電子提供措置事項記載書面に記載すべき事項との関係についてはⅤの7(1)を、また、実務上の具体的な修正の方法については第2部Ⅲの4(4)を、それぞれ参照されたい。

2　電子提供措置事項を修正することができる範囲
(1)　原則的な考え方

---

[7]　一問一答20頁参照。
[8]　野村修也ほか「会社法下の株主総会における実務上の諸問題」旬刊商事法務1807(2007年8月5・15日)号66頁。

では、電子提供措置事項について、どの範囲の内容まで修正することができるか。

上記1の立案担当者の見解を前提とすると、ウェブ修正が認められる範囲と同じということになる。

一般に、ウェブ修正をすることが許容される場合とは、株主総会参考書類等の記載に印刷ミスその他の事情で誤りがあった場合や株主総会参考書類等の発出後の事情変更等があった場合であると解されている[9]。これに対し、例えば、株主総会参考書類に記載すべき事項のうち、議案の追加や議案の同一性を失うような変更、役員選任議案の候補者の変更、剰余金配当議案の変更といった修正をウェブ修正によって行うことはできないと解されている[10]。ただし、役員の候補者の急逝や就任の固辞等による議案の撤回・取下げのように、議題・議案を縮小する方向の変更は、株主に出席の機会と準備の機会を与えるという招集通知の制度に照らし、株主に与える影響は軽微であり、ウェブ修正が認められると解されている[11]。

そのため、立案担当者は、電子提供措置事項の修正について、ウェブ修正と同様に、電子提供措置事項に誤記があった場合や、電子提供措置の開始後に生じた事情に基づくやむを得ない修正の場合等にのみ認められるものであって、その内容の実質的な変更までは認められないとしている[12]。

なお、ウェブ修正について、「（定時）株主総会の招集通知を発出した日から（定時）株主総会の前日までの間に修正をすべき事情が生じた場合における修正」との限定的な文言があるのと異なり、電子提供措置事項の修正については、条文の文言上、特段の限定は付されていない。そのため、電子提供措置事項の修正の範囲は、ウェブ修正の範囲よりも広いと解する余地があり得る[13]。もっとも、ウェブ修正についても、上記文言にかかわらず、例えば、株主総会の印刷後、発出前に発見した印刷ミスも、ウェブ修正による修正が可能であると解されている[14]。そして、電子提供措置事項の修正について、ウェブ修正の方法を前提として行うことが想定されているとすると、上記のとおり、基本的には、ウェブ修正の方法について認められる範囲内でのみ認められると解さざるを得ないこととなる。

9)　相澤哲＝郡谷大輔「会社法施行規則の総論等」相澤哲編著「立案担当者による新会社法関係法務省令の解説」別冊商事法務300号（2006）15頁。

10)　野村ほか・前掲注8）65頁、石井裕介ほか編著『新しい事業報告・計算書類〔全訂版〕』（商事法務、2016）687頁、大阪株式懇談会編『会社法　実務問答集Ⅰ（上）』（商事法務、2017）132〜133頁〔前田雅弘〕。

11)　大阪株式懇談会・前掲注10）133頁〔前田雅弘〕。

12)　一問一答30〜31頁。

13)　邉論文212頁。

14)　野村ほか・前掲注8）65頁、石井ほか・前掲注10）686頁。

(2)　ウェブ修正とは別の考え方の修正の方法

　上記(1)は、あくまでもウェブ修正の方法を前提として電子提供措置事項を修正する場合の考え方を示すものである。

　すなわち、株主総会参考書類に記載すべき事項のうち、議案の追加や議案の同一性を失うような変更といった修正は、確かに、ウェブ修正によって修正することはできない。しかし、このような修正は、これまでの実務においても、およそ認められないというわけではなく、株主総会の招集通知の発出期限（株主総会の開催日の 2 週間前）までに当該修正後の内容の招集通知を再度送付することにより認められると解されている [15]。

　そして、この考え方を電子提供措置事項の修正についても適用することができると考えられる。すなわち、電子提供措置事項について電子提供措置をいったんとった場合であっても、その後、会社法上電子提供措置を開始しなければならない日（電子提供措置開始日）までであれば、議案の追加や議案の同一性を失うような変更（役員選任議案の候補者の変更や剰余金配当議案の変更を含む）といった修正も行うことができると解してよいものと考えられる。そして、その修正の方法は、実際上は、ウェブ修正の方法によることになると考えられる。もっとも、株主がホームページ上で修正前の電子提供措置事項を閲覧した後、自発的に、修正後の電子提供措置事項を改めて閲覧するとは限らない。そのため、電子提供措置事項について上記のような修正をした場合には、その後発送する株主総会の狭義の招集通知（アクセス通知）に、電子提供措置事項を修正した旨および修正後の事項を掲載しているアドレスを記載するべきであると考えられる。

　なお、上記のように解する場合は、議案の追加や議案の同一性を失うような変更が認められるためには、修正前の当初の電子提供措置事項の電子提供措置は、あくまでも、電子提供措置開始日、すなわち、株主総会の開催日の 3 週間前の日または招集通知を発した日のいずれか早い日より前に開始されていなければならないことに留意する必要がある。

(2)　議決権行使書面についての例外

　電子提供措置をとる旨の定款の定めがある会社の取締役は、書面による議決権行使（書面投票）を認めるときは、株主総会参考書類および議決権行使書面に記載すべき事項に係る情報について電子提供措置をとらなけれ

---

15)　例えば、商事法務編著『ハンドブックシリーズ①　株主総会』150 頁（商事法務、2002）久保利英明＝中西敏和『新しい株主総会のすべて〔改訂 2 版〕』（商事法務、2010）339 頁、中村直人編著『株主総会ハンドブック〔第 4 版〕』（商事法務、2016）285 頁。

ばならないのが原則である（325条の3第1項2号、299条2項1号）。

　これに対し、議決権行使書面についての電子提供措置には例外が設けられており、取締役が株主総会の招集通知（299条1項）に際して株主に対し議決権行使書面を交付するときは、議決権行使書面に記載すべき事項に係る情報については、電子提供措置をとることを要しないものとされている（325条の3第2項）。つまり、取締役が、株主総会の招集通知とともに議決権行使書面を書面により株主に送付するときは、議決権行使書面について電子提供措置をとらなくともよい。

　これは、以下の理由による。すなわち、議決権行使書面には、議決権を行使すべき株主の氏名または名称および行使することができる議決権の数を記載しなければならない（会社法施行規則66条1項5号）。このように、議決権行使書面には、個々の株主に紐づいた事項を記載しなければならない。そのため、議決権行使書面に記載すべき事項に係る情報について電子提供措置をとることとする場合、当該事項は、個々の株主ごとにウェブサイトに掲載し、また、当該個々の株主のみがこれをダウンロードすることができるようにするのが適切である。しかし、このような措置をとることとする場合、会社にとって、システム対応等の負担が過大なものとなるおそれがある。そこで、議決権行使書面については、株主に対して招集通知と併せて書面を送付することにより、電子提供措置をとらなくともよいものとされている（議決権行使書面について、電子提供措置をとることを免れるためには、招集通知と併せて送付することが必要であるとことから、遅くとも、株主総会の開催日の2週間前までに株主に送付する必要がある）16)。

　電子提供措置をとらなければならない会社が、原則どおり、議決権行使書面に記載すべき事項に係る情報について電子提供措置をとるか、それとも、325条の3第2項に基づき、株主に対して招集通知とともに議決権行使書面を交付するかの決定は、株主総会の招集に係る取締役会の決議事項ではない17)。

　(1)で述べたとおり、議決権行使書面に記載すべき事項に係る情報について電子提供措置がとられる場合、当該株主総会に欠席する株主は、書面に

---

16)　一問一答18〜19頁。
17)　パブコメ回答第3、1(11)②（53〜54頁）。

よる事前の議決権行使をするためには、自身で、当該情報をダウンロードし、これを印刷したうえで、必要事項を記入して、会社に議決権行使書面を返送しなければならない。これは株主にとって煩雑であり、これを理由に書面による事前の議決権行使を断念する株主（とりわけ、個人株主）が現れかねない。特に、個人株主の議決権行使比率が高くない会社にとっては、それによって議決権行使比率がさらに低下することは避けたいところでもある。

　以上からすると、議決権行使書面については、電子提供措置をとらず、上記例外を利用して、株主総会の招集通知と併せて書面で提供する会社が多いと予想される。

　なお、現在の株主総会実務において、株主が株主総会の当日に来場して出席する場合、議決権行使書面を持参することでその本人確認がされている。このように、議決権行使書面は、受付事務の円滑な処理にも利用されている。そのため、議決権行使書面について電子提供措置をとることとする場合、来場した株主の本人確認書類を別途検討する必要がある。例えば、狭義の招集通知に相当する招集通知（アクセス通知。後記6参照）を株主にはがきで送付する場合には、当該はがきが、また、当該招集通知を封書で送付する場合には、株主名の記載された送付状[18]が、本人確認書類として考えられる。

【コラム1-Ⅳ-3】電子投票（電磁的方法による事前の議決権行使）の強制適用？

　議決権行使書面に記載すべき事項について電子提供措置をとることには、本文で述べたようなデメリットがあるため、株主総会資料の電子提供制度のもとでも、議決権行使書面は引き続き書面により株主に送付されることになると考えられる。

　もっとも、株主総会の招集手続の「電子化」という趣旨からすれば、議決権行使書面を書面で送り続けることは、その趣旨にそぐわないようにも思われる。

　この点は、書面ではなく、電磁的方法による事前の議決権行使（電子投票）の普及が解決策となるかもしれない。もっとも、将来的に、仮に、電子投票が普及

---

[18]　野村修也＝奥山健志編著『令和元年改正会社法―改正の経緯とポイント』（有斐閣、2021）29頁。

し、株主の多くが電子投票を利用するようになった場合に、他方で、それにもかかわらず、議決権行使書面について、あえて、システム対応等の（過大な）負担をかけてまで電子提供措置をとるメリットはもはやないといえる。

　そうすると、現行法上、株主（株主総会において決議をすることができる事項の全部につき議決権を行使することができない株主を除く）の数が 1,000 名以上である会社に対して原則として書面投票制度（書面による事前の議決権行使）の採用が義務づけられている（298 条 2 項本文）が、株主総会の招集手続の電子化の流れをさらに進めるとした場合には、書面投票制度ではなく、電子投票制度（電磁的方法による事前の議決権行使）の採用を義務づけるよう改正するのが合理的であるといえよう。

　この点に関し、CG コードの補充原則 1-2 ④は、「上場会社は、自社の株主における機関投資家や海外投資家の比率等も踏まえ、議決権の電子行使を可能とするための環境作り（議決権電子行使プラットフォームの利用等）や招集通知の英訳を進めるべきである」とし（下線は筆者）、さらに、2021 年 6 月の改訂により、「特に、プライム市場上場会社は、少なくとも機関投資家向けに議決権電子行使プラットフォームを利用可能とすべきである」としている。このように、CG コードは、プライム市場（2022 年 4 月 4 日実施予定の再編後の新市場区分の一つであり、グローバルな投資家との建設的な対話を中心に据えた企業向けの市場）の上場会社をはじめとする上場会社に対し、電子投票や議決権電子行使プラットフォームの利用を求めている。なお、議決権電子行使プラットフォームは、株主総会に関わる国内外全ての実務関係者をシステム・ネットワークで結びつけた市場インフラであり、株主総会における機関投資家の議決権行使環境の改善を目的として、東京証券取引所の関係会社である株式会社 ICJ により運営されており、1,000 社以上の上場会社が利用している（東京証券取引所「議決権電子行使プラットフォームのご案内について」（2019 年 12 月 17 日））。

　ちなみに、全国株懇連合会「2020 年度全株懇調査報告書〜株主総会等に関する実態調査集計表〜」（2020 年 10 月）111〜112 頁によれば、電子投票制度の採用および株主によるその利用状況の推移は、以下のとおりである（同調査報告書は、2019 年 7 月〜2020 年 6 月に定時株主総会（継続会を含む）を開催した会社に対する調査であり、回答会社数は、1,667 社である）。

　これによれば、電子投票制度を採用する会社は、年々増加している。また、電子投票行使率も、株主数ベースで、2018 年度および 2019 年度は、「2％以上」や「3％以上」の会社が多数であったのに対し、2020 年度は、「5％以上」の会社が大きく増えている。また、議決権個数ベースでも、「50％以上」の会社の合計割合が、2018 年度および 2019 年度は、20％台後半であったのに対し、2020 年度は、30％を超えている。もっとも、2020 年度については、新型コロナウイルス感染症の感染拡大の防止策の一環として、会社側から、株主に対し、

株主総会の当日に総会場に来ることの自粛が求められるとともに、書面投票または電子投票による事前の議決権行使を行うことが強く推奨されたという事情があり、このことが影響して電子投票制度を採用する会社数や電子投票行使率が増加したとみられることに留意する必要がある。

【電子投票制度の採用】

	採用済	採用予定有り	採用予定無し	未定
2018 年度	821 社 (47.1%)	46 社 (2.6%)	551 社 (31.6%)	325 社 (18.6%)
2019 年度	892 社 (51.0%)	49 社 (2.8%)	479 社 (27.4%)	328 社 (18.8%)
2020 年度	962 社 (59.1%)	66 社 (4.1%)	314 社 (19.3%)	287 社 (17.6%)

【株主数ベース電子投票行使率（電子投票による議決権行使株主数／議決権を有する総株主数）（電子投票制度を「採用済」の会社のみが対象）】

	1%未満	1%以上	2%以上	3%以上	5%以上	10%以上	20%以上	30%以上
2018 年度	27 社 (3.3%)	102 社 (12.4%)	251 社 (30.6%)	302 社 (36.8%)	97 社 (11.8%)	15 社 (1.8%)	7 社 (0.9%)	20 社 (2.4%)
2019 年度	23 社 (2.6%)	37 社 (4.1%)	152 社 (17.0%)	393 社 (25.4%)	227 社 (25.4%)	37 社 (4.1%)	11 社 (1.2%)	12 社 (1.3%)
2020 年度	12 社 (1.2%)	8 社 (0.8%)	25 社 (2.6%)	165 社 (17.2%)	556 社 (57.8%)	153 社 (15.9%)	24 社 (2.5%)	19 社 (2.0%)

【議決権個数ベース電子投票行使率（電子投票により行使された議決権個数／総議決権個数）（電子投票制度を「採用済」の会社のみが対象）】

	5%未満	5%以上	10%以上	20%以上	30%以上	40%以上	50%以上	60%以上	70%以上
2018 年度	103 社 (12.5%)	31 社 (3.8%)	50 社 (6.1%)	105 社 (12.8%)	152 社 (18.5%)	169 社 (20.6%)	211 社 (25.7%)		
2019 年度	100 社 (11.2%)	37 社 (4.1%)	59 社 (6.6%)	105 社 (11.8%)	174 社 (19.5%)	169 社 (18.9%)	162 社 (18.2%)	62 社 (7.0%)	24 社 (2.7%)

| 2020
年度 | 81 社
(8.4%) | 71 社
(7.4%) | 86 社
(8.9%) | 96 社
(10.0%) | 148 社
(15.4%) | 177 社
(18.4%) | 169 社
(17.6%) | 94 社
(9.8%) | 40 社
(4.2%) |

(3)　電子提供措置をとること自体の例外——EDINET の特例

　2 で述べたとおり、電子提供措置をとる旨の定款の定めがある会社の取締役は、①株主総会に出席しない株主が書面投票もしくは電子投票によって事前に議決権を行使することができることとする場合または②取締役会設置会社である場合（いずれも、株主総会の招集通知を書面でしなければならない場合）には、電子提供措置期間において、電子提供措置事項に係る情報について継続して電子提供措置をとらなければならないのが原則である。

　これに対し、一定の措置をとる場合には、電子提供措置をとること自体を要しない旨の例外が認められている。すなわち、金融商品取引法 24 条1 項の規定によりその発行する株式について有価証券報告書を提出しなければならない会社が、電子提供措置開始日までに電子提供措置事項を記載した有価証券報告書（添付書類およびこれらの訂正報告書を含む）の提出の手続をいわゆる EDINET（金融商品取引法 27 条の 30 の 2 に基づく、有価証券報告書等の開示書類に関する電子開示システム（開示用電子情報処理組織）：Electronic Disclosure for Investors' NETwork）を使用して行う場合には、当該事項に係る情報については、電子提供措置をとることを要しないものとされている（325 条の 3 第 3 項。以下「EDINET の特例」という）。

　EDINET の特例が設けられているのは、事業報告および計算書類と有価証券報告書の一体的な開示についての企業における取組みを促進するためのものであるといえる [19]。また、いわゆる「有価証券報告書の総会前提出」[20] について、後述するとおり、その利用が進んでいない中、このような特例を設けることにより、その利用を促す意図もあると考えられる。

　ただし、EDINET の特例が認められるのは、定時株主総会に係る電子

---

19)　一問一答 28〜29 頁。

20)　定時株主総会の開催前に有価証券報告書を提出することは可能である（企業内容等の開示に関する内閣府令 17 条 1 項 1 号口括弧書参照）。

提供措置事項に限られ（325 条の 3 第 3 項括弧書）、臨時株主総会や種類株主総会に係る電子提供措置事項について当該特例を利用することはできない（種類株主総会については、会社法施行規則 95 条の 3 第 2 項も参照）。

　また、議決権行使書面に記載すべき事項は、EDINET の特例の対象から除かれている。そのため、EDINET の特例を利用する場合であっても、議決権行使書面については、①これに記載すべき事項について別途電子提供措置をとる（325 条の 3 第 1 項 2 号）か、または②株主総会の招集通知とともに株主に送付する（同条 2 項）ことを要する。

　EDINET の特例について特に留意すべき点は、電子提供措置開始日、すなわち、定時株主総会の開催日の 3 週間前の日または招集通知を発した日のいずれか早い日までに有価証券報告書を提出する必要があるという点である。このように、EDINET の特例を利用するためには、定時株主総会の前に、しかも、遅くとも定時株主総会の開催日の 3 週間前までに有価証券報告書を提出しなければならない。定時株主総会の単なる開催前の提出（有価証券報告書の総会前提出）だけではなく、その開催日の 3 週間前までの提出である必要があるという点が実務にとって高いハードルとなる。

　「有価証券報告書の総会前提出」について、株主総会白書 2019 年版によれば、株主総会の開催日前に有価証券報告書を提出した会社は、1,694 社中わずか 41 社（2.4％）であった。そして、その 41 社において、定時総会の何日前に提出したかについては、「総会前日」が 21 社（51.2％）、次いで「2 日前」および「3 日前」がいずれも 5 社、「10 日前以上」が 4 社などとなっている。そのため、定時株主総会の前の有価証券報告書の提出のタイミングは、現状では、せいぜい、株主総会の前日～3 日前程度である（株主総会白書 2019 年版 150～151 頁）。このような状況からすれば、遅くとも株主総会の開催日の 3 週間前までに有価証券報告書を提出することにより EDINET の特例を利用する会社は、少なくとも当面の間は、皆無に近いのではないかと思われる。

　他方で、**コラム 1‐Ⅰ‐1**で述べたように、定時株主総会に係る議決権行使基準日を事業年度末日とは別の日（事業年度末日よりも後の日）に定め、事業年度末日から 3 か月が経過した日以後に定時株主総会を開催する場合は、EDINET の特例を利用する余地がある。すなわち、事業年度末日か

ら3か月が経過した日以後に定時株主総会を開催する場合であっても、有価証券報告書の提出期限は、あくまでも、事業年度経過後3か月以内である（金融商品取引法24条1項柱書）。そのため、事業年度末日から3か月が経過した日以後に定時株主総会を開催する場合は、必然的に「有価証券報告書の総会前提出」を行うこととなる。そこで、定時株主総会に係る議決権行使基準日について、事業年度末日とする定款の定めを変更し、事業年度末日よりも後の日と定め（なお、事業年度末日から3か月以内に定時株主総会を開催するといった定めも変更する必要がある）、事業年度経過後3か月以内に、電子提供措置事項を記載した有価証券報告書を提出し、その上で、当該提出日から3週間が経過した日（通常は、事業年度末日から3か月が経過した日以後となる）に定時株主総会を開催する場合は、EDINETの特例を利用することができる。

　また、EDINETの特例を利用することについては、**コラム1-Ⅳ-4**で述べるとおり、電子提供措置をとる場合と異なり、システムダウンが生じたことによって株主が閲覧することができない状態となるなどしても、株主総会の決議の効力に影響しないと解されるというメリットが挙げられる。このようなメリットも念頭に置きながら、特に、「7月総会」への移行とともにEDINETの特例の利用を検討することが考えられよう。

【コラム1-Ⅳ-4】EDINETの特例の利用と「電子提供措置をとる場合」と規定されている規律との関係

　本文で述べたとおり、EDINETの特例を利用する場合は、325条の3第1項の「規定による電子提供措置をとることを要しない」とされている（同条3項）。

　この規定にみられるとおり、電子提供措置事項を記載した有価証券報告書の提出の手続をEDINETを使用して行うこと自体は、325条の3第1項の規定による「電子提供措置」ではない。

　他方で、325条の4第1項・2項および325条の5第2項は、いずれも、325条の3第1項の「規定により電子提供措置をとる場合」における株主総会の招集通知等の特則および書面交付請求をした株主に対する電子提供措置事項記載書面の交付義務をそれぞれ定めている。

　そうすると、EDINETの特例を利用する場合には、325条の3第1項の「規

定による電子提供措置をとることを要しない」、すなわち、同項の規定により「電子提供措置をとる場合」に該当しないため、325 条の 4 第 1 項・2 項の定める株主総会の招集通知等の特則が適用されず、また、書面交付請求をした株主は、電子提供措置事項記載書面の交付を受けられないようにも読める。

　しかし、いずれについても、その趣旨からすると、そのような結論が妥当でないことはいうまでもない。EDINET の特例自体は、電子提供措置をとること（自社のウェブサイト等に電子提供措置事項に係る情報を掲載すること）を要しないという限りにおける特例にすぎず、そのほかの電子提供措置をとる場合における規律は、EDINET の特例を利用する場合にも基本的に適用されると解するのが妥当である。

　そういう意味では、325 条の 4 第 1 項・2 項および 325 条の 5 第 2 項における、上記の 325 条の 3 第 1 項の「規定により電子提供措置をとる場合」という文言は、電子提供措置をとる旨の定款の定めのある会社の取締役が「電子提供措置をとらなければならない場合」（すなわち、299 条 2 項各号に掲げる場合）という趣旨と解することになろう。

　したがって、EDINET の特例を利用する場合も、325 条の 4 第 1 項・2 項の定める株主総会の招集通知等の特則が適用され、また、取締役は、株主総会の招集通知に際して、書面交付請求をした株主に対し、電子提供措置事項記載書面を交付しなければならないと解される。

　これに対し、電子提供措置の中断があった場合における救済を定める 325 条の 6 は、325 条の 3 第 1 項の「規定にかかわらず、電子提供措置期間中に電子提供措置の中断…が生じた場合」と定めている。そして、これは、実際に 325 条の 3 第 1 項の規定に基づく電子提供措置がされた場合についての救済であり、EDINET の特例を利用した場合はその対象とならないと解される。条文の文言の読み方としては、EDINET の特例は、電子提供措置事項を記載した有価証券報告書の提出の手続を、EDINET を使用して行う場合に適用されると定められているに留まり（325 条の 3 第 3 項参照）、電子提供措置について定める 325 条の 3 第 1 項と異なり、一定期間継続して行うこととはされていないことが挙げられる（もっとも、有価証券報告書自体は、その受理日から 5 年を経過する日までの間、公衆の縦覧に供するものとされており（金融商品取引法 25 条 1 項 4 号、27 条の 30 の 7 第 1 項、金融商品取引法施行令 14 条の 12[21]）、EDINET の特例も、そのような一定期間の公衆縦覧を前提としたものではあると理解される）。

　EDINET の管轄は、金融庁にあり、会社にはないことからすれば、このように解したうえで、EDINET の特例を利用した場合において、EDINET のシステムダウンや保守等のための計画停止があっても、当該株主総会の決議の効力には影響を及ぼさないと解さざるを得ないと思われる。

　この点に関し、弥永真生「談論　株主総会資料の電子提供」旬刊経理情報

1570号（2020）1頁は、会社自ら電子措置をとる場合には、「ウェブサイトに使用するサーバーのダウン等やハッカーやウイルス感染等による改ざん等により電子提供措置の効力に影響が生ずるリスクが存在する」のに対し、EDINETの特例を利用した場合には、「電子提供措置をとることを要しないのであるから、EDINETのもとで公衆に情報を提供しているサーバーがダウンした、または情報が書き換えられたということが万一あったとしても、会社には法的リスクがまったくないということになる」としている。

6　狭義の招集通知（アクセス通知）の発出

(1)　発出期限

　会社法299条1項は、株主総会の招集通知（狭義の招集通知）の発出期限について、①公開会社において、株主総会の開催日の2週間前までと定めており、また、②非公開会社において、(ⅰ)取締役会の設置の有無を問わず、原則として1週間前までとしつつ、(ⅱ)取締役会を設置していない場合は、定款の定めを設けることにより1週間を下回る期間前までとすることができると定め、ただし、(ⅲ)書面投票または電子投票による事前の議決権行使を認めた場合（298条1項3号・4号）は、公開会社と同様に2週間前までと定めている。

　これに対し、電子提供措置をとる場合における株主総会の招集通知の発出期限について、特例が定められている。すなわち、325条の3第1項の規定により電子提供措置をとる場合には、株主総会の招集通知は、株主総会の開催日の2週間前までに発出しなければならない（325条の4第1項）。電子提供措置をとる場合には、非公開会社であることや取締役会非設置会社であることによる上記の招集通知の発出期限の後倒しが認められ

---

21)　なお、EDINETを通じて提出された有価証券報告書記載の事項については、財務局等においてその使用に係る電子計算機の入出力装置の映像面に表示して公衆の縦覧に供するものとされており（改正前の金融商品取引法施行令14条の12）、インターネット上で当該事項を開示することまでは法令上求められていなかった。しかし、この点について、会社法の改正に伴い、金融商品取引法施行令14条の12が改正され、当該映像面に表示する方法に併せて、インターネットを利用してする方法が新たな公衆の縦覧の方法として追加されている（一問一答29頁参照）。

ておらず、一律に、株主総会の開催日の2週間前までに株主総会の招集通知を発出しなければならないということである。非公開会社において、株主総会の招集通知の発出期限が、299条1項に定める原則的な期限に比べて前倒しされることとなるわけであるが、そもそも、一般的に株主数が多くなく、電子提供措置を行うことがあまり想定されないことからすると、実際上の影響はさほど大きくないのではないかと思われる。上場会社（公開会社）を前提とすれば、株主総会の招集通知の発出期限に変更はない。

　株主総会の開催日の2週間前までの発出とは、電子提供措置をとらない場合（Ⅰの2(1)参照）と同様に、株主総会の招集通知の発出日と株主総会の開催日との間が少なくとも14日間ある必要があるということを意味すると解される。

　なお、上記のとおり、あくまでも電子提供措置をとる場合における特例である。そのため、電子提供措置をとる旨の定款の定めがある会社であっても、ある株主総会において、実際に電子提供措置をとることを要しない場合（電子提供措置をとることを要するのは、299条2項各号に掲げる、（a）書面投票もしくは電子投票によって事前に議決権を行使することができることとする場合 22) または（β）取締役会設置会社である場合 23) である）には、当該ある株主総会の招集通知の発出期限は、299条1項の定めに従うことに

---

22)　本文で述べたとおり、本来、非公開会社でも、取締役会の設置の有無を問わず、書面投票または電子投票による事前の議決権行使を認めた場合は、株主総会の開催日の2週間前までに招集通知を発出しなければならない（本文で述べた②(iii)の発出期限）。他方、非公開会社が、電子提供措置をとる旨の定めを設け、かつ、書面投票または電子投票による事前の議決権行使を認め、その結果、電子提供措置をとることが義務付けられた場合（これらに当てはまる非公開会社は、実際上はあまり想定されないが）には、株主総会の招集通知の発出期限が株主総会の開催日の2週間前までということになるが、この点は、299条1項に定める招集通知の発出期限（本文で述べた②(iii)の発出期限）と異ならないこととなる。

　したがって、325条の4第1項に定める株主総会の招集通知の発出期限の特例の影響を受ける非公開会社とは、取締役会を設置し、他方、書面投票または電子投票による事前の議決権行使を認めていない非公開会社（当該非公開会社は、電子提供措置をとる旨の定款を定めた場合、取締役会設置会社であるため、電子提供措置をとることが義務付けられることになる）ということになる（当該非公開会社は、299条1項に定める招集通知の発出期限は、本来、1週間前までである（本文で述べた②(i)の発出期限）ところ、これが2週間前までとなる）。

なる。

(2)　招集通知の記載事項

　325 条の 3 第 1 項の規定により電子提供措置をとる場合とは、299 条 2 項各号に掲げる場合であり、これは、株主総会の招集通知を書面でしなければならない場合である。株主総会の招集通知を書面でしなければならない場合には、本来、298 条 1 項各号に掲げる事項を招集通知に記載しなければならない（299 条 4 項）。

　これに対し、325 条の 3 第 1 項の規定により電子提供措置をとる場合における株主総会の招集通知（アクセス通知）の記載事項についても、特例が設けられている。そのような特例が設けられた趣旨は、電子提供措置をとる場合であっても、株主総会の招集通知に記載しなければならない事項が多くなると、その印刷や郵送のための費用が過大となり得ることから、株主がウェブサイトにアクセスすることを促すために重要である事項に限定する点にある[24]。

　まず、299 条 4 項に基づき本来株主総会の招集通知に記載しなければならない、298 条 1 項各号に掲げる事項のうち、同項 5 号に掲げる事項（より具体的には、会社法施行規則 63 条各号に掲げる事項）は、電子提供措置をとる場合における株主総会の招集通知に記載することを要しないとされている（325 条の 4 第 2 項前段）。

　そのうえで、325 条の 4 第 2 項後段は、電子提供措置をとる場合における株主総会の招集通知に記載しなければならない事項を定めており、それをまとめると、当該記載事項は、**図表 1-Ⅳ-8** のとおりである（325 条の 4 第 2 項、298 条 1 項 1 号～4 号、会社法施行規則 95 条の 3）[25]。**図表 1-Ⅳ -8** の④のとおり、電子提供措置に係るウェブサイトのアドレスが記載事項の一つとなっており（会社法施行規則 95 条の 3 第 1 項 1 号）、このことから、株主に書面により発出すべき当該株主総会の招集通知は、「アクセス

---

23)　公開会社は、必ず取締役会設置会社である（327 条 1 項 1 号）から、電子提供措置をとる旨の定款の定めを設けた場合は、電子提供措置をとることが義務付けられる。

24)　一問一答 26 頁。

【図表1-Ⅳ-8】電子提供措置をとる場合において株主総会の招集通知（アクセス通知）に記載しなければならない事項

①	会社法298条1項1号～4号に掲げる以下の事項（同項5号・会社法施行規則63条各号に掲げる事項は不要）
	・株主総会の日時および場所
	・株主総会の目的である事項があるときは、当該事項
	・株主総会に出席しない株主が書面によって議決権を行使すること（書面投票）ができることとするときは、その旨
	・株主総会に出席しない株主が電磁的方法によって議決権を行使すること（電子投票）ができることとするときは、その旨
②	電子提供措置をとっているときは、その旨
③	電子提供措置をとっているときは、電子提供措置に係るウェブサイトのアドレスその他の株主が電子提供措置をとっているページに到達するために必要な事項
④	EDINETの特例を利用したときは、その旨
⑤	EDINETの特例を利用したときは、当該EDINETに係るウェブサイトのアドレスその他の株主が内容を閲覧するために必要な事項

通知」といわれることがある。

　図表1-Ⅳ-8の各事項は、せいぜい両面印刷1枚の書面に記載することで足りると考えられる。そのため、例えば、株主に発出する書面（アクセス通知）を1枚のはがきのみとすることも可能であろう。

　もっとも、議決権行使書面について、電子提供措置をとらず、株主に対し議決権行使書面を交付することとするときは、その交付は、株主総会の招集通知に際して行わなければならない（325条の3第2項。参照5(2)）。そのため、この場合には、狭義の招集通知に相当する書面（アクセス通知）

25）299条2項各号に掲げる場合は、株主総会の招集通知は、原則として書面で行わなければならないが、取締役は、書面による招集通知の発出に代えて、株主の承諾を得て、電磁的方法により招集通知を発出することができる（299条3項）。電子提供措置をとる場合において、電磁的方法による株主総会の招集通知の発出をするときにおける当該招集通知の記載事項も、図表1-Ⅳ-8に掲げる事項と同じである（325条の4第2項）。

とともに議決権行使書面を株主に送付しなければならないことから、前者の書面をはがきとするわけにはいかず、両者をセットで封書にして送付することになろう。

　また、後述のⅤのとおり、書面交付請求をした株主がいる場合において、電子提供措置をとるときは、取締役は、株主総会の招集通知に際し、当該株主総会に係る電子提供措置事項を記載した書面（電子提供措置事項記載書面）を交付しなければならない。したがって、取締役は、株主総会の招集通知を行うにあたり、書面交付請求をした株主に対し、**図表1-Ⅳ-8**に掲げる事項を記載した書面に電子提供措置事項記載書面を同封し、両書面をセットで送付することになる。

　図表1-Ⅳ-8の各記載事項のうち、同④に関し、Ⅱ3で述べたとおり、二つ以上のウェブサイトで電子提供措置をとることも認められるが、この場合は、当該二つ以上のウェブサイトのアドレスを招集通知に記載する必要がある。

　ところで、招集通知に記載すべき電子提供措置に係るウェブサイトのアドレスは、電子提供措置を正にとっている、すなわち、株主総会参考書類等を掲載しているウェブページのアドレス（URL）を記載する方法に限られず、例えば、会社のウェブサイトのトップページ等のアドレス（URL）を記載し、当該トップページから目的のウェブページに到達するための方法を併記することも認められると解されている[26]。

　また、**図表1-Ⅳ-8**の④では、ウェブサイトのアドレスのほか、「その他の株主が電子提供措置をとっているページに到達するために必要な事項」（より正確には、会社法施行規則95条の3第1項1号では、「その他の当該者〔筆者注：「情報の提供を受ける者」を指す〕が当該情報の内容を閲覧し、当該電子計算機に備えられたファイルに当該情報を記録するために必要な事項」と定められている）を掲げているが、このような事項として、例えば、パスワード等を入力して株主としてログインするなどの行為が必要である場合には、その方法やパスワード等を記載することなどが考えられる[27]。

　次に、**図表1-Ⅳ-8**の⑤では、EDINETの特例を利用したときについ

---

26)　パブコメ回答第3、1⑾④（54頁）。また、省令解説52頁参照。
27)　省令解説52頁。

て、当該 EDINET に係るウェブサイトのアドレスのほか、「その他の株主が内容を閲覧するために必要な事項」(より正確には、会社法施行規則95条の3第1項2号では、「その他の当該者〔筆者注：「情報の提供を受ける者」を指す〕が当該情報の内容を閲覧するために必要な事項」と定められている)を掲げているが、この点に関し、EDINET については、個別の添付書類のファイルにアドレスが付されていないことから、EDINET における具体的な検索方法を記載することなどが考えられるとされている[28]。

(3)　招集通知に法定の記載事項以外の事項を記載することや、これを記載した別の書面を同封すること

325条の3第1項の規定により電子提供措置をとる場合に、株主総会の招集通知(アクセス通知)に必ず記載しなければならない事項は、前掲の**図表1-Ⅳ-8**のとおりである。

これに対し、**図表1-Ⅳ-8**に掲げる法定の記載事項以外の事項を、株主総会の招集通知に記載することまたは、当該事項を記載した書面を招集通知に同封することは妨げられないと解される。このような事項として、例えば、議案の内容や株主総会参考書類に記載すべき事項の一部が考えられる。もっとも、法定の記載事項以外の事項が招集通知に記載される、またはこれを記載した書面が同封されることにより、株主が電子提供措置事項の掲載されているウェブサイトを閲覧しなくなるとすると、本末転倒であろう。そのため、詳細についてはウェブサイトを閲覧して電子提供措置事項を確認することを促す文言も添えるのが望ましい。

また、少なくとも、書面交付請求をした株主に対しては、株主総会の招集通知に加えて電子提供措置事項記載書面を同封しなければならない。そして、当該株主に限らず、株主のすべてに対し、株主総会参考書類等を含む、電子提供措置事項記載書面を同封すること、すなわち、いわゆる広義の招集通知に相当する招集通知を送付することも可能である。これは、フルセット・デリバリーといわれる。なお、フルセット・デリバリーを行う場合であっても、株主総会参考書類等をはじめとする電子提供措置事項に

---

[28]　省令解説52頁、部会第8回会議(2017年12月6日開催)の議事録11頁〔田原泰雅幹事(金融庁総務企画局企業開示課(当時))発言〕参照。

ついて、遅くとも株主総会の開催日の3週間前までに電子提供措置をとらなければならないことに留意する必要がある。

　このほか、書面投票または電子投票による事前の議決権行使を依頼する文書や、特定の議案についての補足説明を記載した文書等を招集通知に同封して株主に送付することも妨げられないと解される。

　株主提案（議案要領通知請求。305条1項、325条の3第1項4号・4項）が行われている場合に、会社側の主張・補足説明等のみを記載した書面を株主に追加的に提供（狭義の招集通知に相当する書面とともに送付）し、当該株主提案に係る議案の要領を株主に書面で提供しない（電子提供措置を通じてのみ提供する）ことの可否については、積極・消極の両説があり得る。一般の株主としては、株主提案に係る議案の要領について、電子提供措置がされているウェブサイトを閲覧することにより、その情報を入手することが可能であることからすれば、上記のような会社側の主張等のみを記載した書面を株主に提供することも許容されるべきであると考えられる[29]。

　このほか、電子提供措置をとる場合において、取締役が、特定の株主に対してのみ株主総会に関する情報を書面により提供することを制限する規定は設けられていない。株主総会資料の電子提供制度の創設前の実務上も、会社側が、機関投資家や一定の割合の議決権を有する株主に対して個別に、書面を提供して会社の考え方を説明することがある。そのため、同

---

29)　邉論文213頁、野村ほか前掲注17）29頁。これに対し、岩崎友彦ほか編著『令和元年　改正会社法　ポイント解説Q&A』（日本経済新聞出版、2020）66頁は、「いわゆるプロキシーファイトの状況下で会社提案と株主提案が対立している場合に、会社提案のみを記載した資料を書面で提供する場合など、当該提供の態様が過度に恣意的と取られるようなときには、『株主総会等の招集の手続……が……著しく不公正なとき』（会社法831条1項1号）に該当することを理由に株主総会の取消事由となるかのうせいがありますので、任意の資料の書面による提供が無制約に認められるわけではない点に留意する必要があると考えます」としている。株主提案に対する会社の主張や補足説明等に言及するにあたっては、実際上、当該株主提案に係る議案の要領その他提案株主の主張等の主要な部分にも言及せざるを得ないものと思われる。そのため、追加的な書面を株主に提供することの目的が、会社側の主張等を述べることのみにあるとしても、実際上、そのような内容の書面を提供する限りにおいては、株主総会の招集手続が「著しく不公正」（831条1項1号）であるとまでは言い難いのではないかと思われる。

制度の施行後においても、電子提供措置をとる場合に、取締役が、特定の
株主に対してのみ、狭義の招集通知に相当する書面（アクセス通知）以外
に、株主総会に関する情報を書面により提供することも許容されると解さ
れる。もっとも、法務省民事局参事官室「会社法制（企業統治等関係）の
見直しに関する中間試案の補足説明」（2018 年 2 月）（令和元年改正法に至る
会社法制の見直しに向けた部会における審議の過程で取りまとめられた「会社
法制（企業統治等関係）の見直しに関する中間試案」の補足説明）14 頁では、
株主平等原則（109 条 1 項）や利益供与の禁止（120 条）の趣旨から、会社
が合理的な理由なく特定の株主に対してのみ株主総会に関する情報を書面
により提供することが無制限に認められることとなるものではないとされ
ている点に留意する必要がある。

Ⅴ　株主の書面交付請求権

1　意　義

　これまで述べたとおり、電子提供制度のもとでは、株主が株主総会参考書類等の内容を確認するためには、それが掲載されている会社のホームページ等のウェブサイトにアクセスし、そこから株主総会参考書類等の電子データをダウンロードする必要がある。

　他方で、高齢者をはじめとして、インターネットの利用が困難である株主が存在し得る（いわゆるデジタル・デバイドの問題）。

　そこで、そのような株主の利益を保護するため、株主には書面交付請求権が認められている。すなわち、電子提供措置をとる旨の定款の定めがある会社の株主は、会社に対し、325条の3第1項各号に掲げる、電子提供措置の対象となる事項（電子提供措置事項）を記載した書面（電子提供措置事項記載書面。会社法施行規則63条3号ト参照）の交付を請求することができる（325条の5第1項）。

　会社は、定款の定めによっても、株主の書面交付請求権自体をなくすことはできない。ただし、後記7のとおり、定款の定めを設けたうえで、電子提供措置事項記載書面に記載すべき電子提供措置事項を一部除外すること（書面交付請求をした株主に対し、電子提供措置事項の一部を記載しないで電子提供措置事項記載書面を交付すること）ができる。

2　書面交付請求権を有する株主

　書面交付請求をすることができる者は、電子提供措置をとる旨の定款の

定めがある会社の株主である。電子提供措置をとる旨の定款の定めがある
会社の株主であれば誰でも、書面交付請求権を有するのが原則である。

　ただし、電磁的方法による株主総会の招集通知の発出について承諾（299
条3項）をした株主には書面交付請求権が認められていない（325条の5第
1項括弧書）。当該株主は、類型的に、インターネットを利用することがで
きる者であるといえるためである。

　なお、後記6のとおり、株主が書面交付請求をした場合には、取締役
は、299条1項の株主総会の招集通知に際して、書面交付請求をした株主
に対し、当該株主総会に係る電子提供措置事項記載書面を交付しなければ
ならない（325条の5第2項）。そして、299条1項の株主総会の招集通知
を受ける「株主」から、株主総会において決議をすることができる事項の
全部につき議決権を行使することができない株主が除かれている（298条
2項括弧書）。そのため、書面交付請求をした株主が、例えば、単元未満株
主であるなど、株主総会において決議をすることができる事項の全部につ
き議決権を行使することができない場合には、書面交付請求をしても、当
該株主総会の招集通知を受けることができず、したがって、当該株主総会
に係る電子提供措置事項記載書面の交付を受けることはできないと解され
る[1]。

3　書面交付請求を行う期限

　株主がいつまでに書面交付請求を行う必要があるかという、その権利行
使の期限については、株主総会において議決権を行使することができる者
を定めるための基準日（議決権行使基準日。124条1項）を定めるかどうか
によって異なる。

　この点について、まず、定款において、事業年度の末日を議決権行使基
準日と定めるのがきわめて一般的である。そして、議決権行使基準日を定
めた場合は、株主は、当該議決権行使基準日に係る株主総会について電子
提供措置事項記載書面の交付を受けるためには、当該議決権行使基準日ま

---

[1]　一問一答35頁。

でに書面交付請求を行う、すなわち、書面交付請求が議決権行使基準日までに会社に到達している必要がある（325条の5第2項括弧書）。

　これに対し、議決権行使基準日を定めない場合は、株主は、いつまでに書面交付請求を行う必要があるか。後記6のとおり、株主が書面交付請求をした場合には、取締役は、株主総会の招集通知に際して、書面交付請求をした株主に対し、当該株主総会に係る電子提供措置事項記載書面を交付しなければならない（325条の5第2項）。このように、電子提供措置事項記載書面は、株主総会の招集通知とともに交付する必要があることからすると、当該書面の交付を受けることができる株主は、株主総会の招集通知を受けることができる株主であることになる。

　では、議決権行使基準日を定めない場合において、株主総会の招集通知を受ける株主は、誰か、すなわち、会社は、いずれの株主に招集通知を発出する必要があるか。この点については、会社は、株主総会の招集通知の発出時点における株主名簿に記載・記録された株主に対して招集通知を発する必要があり、かつ、それで足りると解される[2]。

　したがって、議決権行使基準日を定めない場合には、株主は、株主総会の招集通知の発出時までに書面交付請求を行う、すなわち、書面交付請求が当該発出時までに会社に到達している必要があると解される[3]。

　もっとも、前述のとおり、株主総会資料の電子提供制度自体は、株主数が多い会社、とりわけ、上場会社においてこそ採用するメリットがある。そして、株主数が多く、株主の変動が頻繁に生ずる会社では、議決権行使基準日が設定されるのがきわめて一般的である。したがって、以下では、基本的には、議決権行使基準日が定められている会社を想定して論ずる。

4　書面交付請求をする方法

　書面交付請求権は、電子提供措置をとる旨の定款の定めのある会社の株主名簿に記載された株主が、会社（株主名簿管理人）に対して行うのが原

---

[2]　内田修平「実務問答会社法　第35回　Ⅱ基準日を定めない株主総会における招集通知の取扱い」旬刊商事法務2208（2019年9月5日）号61頁参照。

[3]　一問一答33頁。

則である。

　このほか、振替株式の株主（上場会社の株主）[4]については、振替株式の
発行者である会社に対し、その直近上位機関（株主が証券口座を開設してい
る口座管理機関である証券会社等。振替法2条6項）を経由して書面交付請
求をすることができるとされている（振替法159条の2第2項）。このよう
な書面交付請求の方法が認められている理由は、以下のとおりである。す
なわち、振替株式の発行会社において株主名簿の名義書換が行われるの
は、振替機関から総株主通知（振替法151条1項）を受けた場合である（振
替法152条1項）。したがって、振替株式を取得した株主は、振替口座簿に
記載・記録されても、当然に、株主名簿に記載されるわけではなく、株主
たる地位を会社に対して対抗することができるわけでもない（130条1
項）。そうすると、振替株式を取得した株主は、総株主通知がされて株主
名簿に株主として記載されるまでは、会社に対して直接書面交付請求をす
ることができないこととなってしまう。そこで、そのような株主のため
に、書面交付請求の方法として、直近上位機関を経由する方法が認められ
ている。

　ところで、振替株式の株主は、「少数株主権等」（振替法147条4項）に
該当する株主の権利を行使するためには、当該権利の行使に先立ち、いわ
ゆる個別株主通知をする必要がある（振替法154条3項）。しかし、書面交
付請求権の行使は、その行使について個別株主通知が必要となる「少数株

---

4)　具体的には以下の者である（振替法159条の2第2項各号。なお、「加入者」と
　は、証券保管振替機構または口座管理機関（証券会社等）が社債等の振替を行うため
　の口座を開設した者をいう（振替法2条3項）が、本文では、便宜上、振替株式の株
　主と言い換えている）。
　①　加入者の口座の保有欄に記載または記録がされた振替株式（当該加入者が振替法
　　151条2項1号の申出をしたものを除く）
　②　加入者が他の加入者の口座における特別株主である場合には、当該口座の保有欄
　　に記載または記録がされた振替株式のうち当該特別株主についてのもの
　③　加入者が他の加入者の口座の質権欄に株主として記載または記録がされた者であ
　　る場合には、当該質権欄に記載または記録がされた振替株式のうち当該株主につい
　　てのもの
　④　加入者が振替法155条3項の申請をした振替株式の株主である場合には、買取口
　　座に記載または記録がされた振替株式のうち当該株主についてのもの

主権等」に該当しないと解されている。これは、株主総会の議決権または
これと密接に関連する権利については、少数株主権等に該当せず、個別株
主通知を要することなくこれを行使することができると解されているとこ
ろ、書面交付請求権も、株主総会の議決権と密接に関連する権利であり、
したがって、少数株主権等に該当しないと解されるためである[5]。

　以上から、振替株式の株主については、書面交付請求権の行使の方法と
して、以下の二つの方法が認められる。

①	会社（株主名簿管理人）に対して直接行使する方法（当該振替株式の株主が株主名簿に記載されている場合）
②	証券口座を開設する証券会社等を経由して行使する方法（振替株式の発行会社に対する書面交付請求の取次ぎを証券会社等に対して請求する方法）[6]

　振替株式の株主は、証券会社等（直近上位機関）に開設する証券口座に
おいて複数の銘柄（会社）の振替株式を保有している場合において、上記
②の方法により書面交付請求をするときであっても、当該保有するすべて
の銘柄の株式について書面交付請求をすることも、また、その中の特定の
銘柄の株式についてのみ書面交付請求をすることも、いずれも可能であ
る[7]。

　なお、株主による書面交付請求の方法について、会社法上特段の規制は
ない。そのため、口頭での書面交付請求も会社法上は可能であると解され
る。もっとも、会社としては、書面交付請求があったことを明確にしてお
きたいところであり、後述の**コラム 1 - V - 2**のとおり、定款または株式取
扱規程等において、書面交付請求の方法を書面に限定することも認められ
ると解される[8]。

---

5)　一問一答 33〜34 頁。

6)　当該方法における具体的な取扱いについては、証券保管振替機構「株式等振替制度
における株主総会資料の書面交付請求に係る要綱」（2020 年 3 月 31 日）（https://
www.jasdec.com/download/ds/syomenkouhu_youkou.pdf）参照。

7)　一問一答 33 頁。証券保管振替機構・前掲注 6) 2 頁では、振替株式の株主は、保有
する個々の銘柄ごとに、その直近上位機関である口座管理機関（証券会社等）に対し
て、書面交付請求の取次ぎを請求するものとされている。

【コラム1-V-1】解釈上の論点——証券会社等を経由して書面交付請求を
する場合の期限

　3で述べたとおり、株主の書面交付請求は、議決権行使基準日までに会社に到達している必要がある。

　この点に関し、振替株式の株主が、本文で述べた②の証券口座を開設する証券会社等を経由して書面交付請求をする場合、(i)証券会社等に対し、その発行会社に対する書面交付請求の取次ぎを請求してから、(ii)実際にそのことが証券会社等および証券保管振替機構を経由して当該発行会社に伝わるまでの間に一定の時間を要する。具体的には、証券保管振替機構・前掲注6)3～4頁では、口座管理機関（証券会社等）は、株主から書面交付請求の取次ぎの請求を受けたときは、株主の請求内容に基づき、証券保管振替機構に対して、「遅滞なく」「書面交付請求取次ぎデータ」を通知するものとし、また、証券保管振替機構は、口座管理機関から「書面交付請求取次ぎデータ」を受けたときは、「翌営業日」に、そのデータに指定された銘柄の発行会社に対して、「書面交付請求データ」を通知するものとしている。

　この場合、(i)振替株式の株主による証券会社等への取次の請求が議決権行使基準日までに行われていれば足りるか、それとも、(ii)書面交付請求のあったことが最終的に会社に伝わるのが議決権行使基準日までに行われている必要があるかが、問題となる。

　この点について、会社法および振替法の条文上は、明らかではないが、(i)証券会社等に対してその発行者に対する書面交付請求の取次ぎを請求しさえすれば、振替株式の株主として行うべきことは行っており、その後の、証券会社等から証券保管振替機構および発行会社への伝達の流れは、振替株式の株主の与り知らないことである。そのため、(i)証券会社等に対する取次ぎの請求は、議決権行使基準日までに行ったのに、何らかの事情によりその後の手続に手間取ったことにより(ii)書面交付請求のあったことが最終的に会社に伝わったのが議決権行使基準日より後になってしまったために、当該株主は、当該議決権行使基準日に係る電子提供措置事項記載書面の交付を受けられないこととなるのは、当該株主にとって酷であるように思われる。

　したがって、本文で述べた②の証券口座を開設する証券会社等を経由して書面交付請求をする場合は、振替株式の株主による証券会社等への取次ぎの請求が議決権行使基準日までに行われていれば足りると解するのがよいと思われる。

---

8)　なお、証券保管振替機構・前掲注6)2～3頁は、振替株式の株主からの取次ぎ請求の受付方法は、各口座管理機関が定める方法によるものとしている。

5　書面交付請求権の行使の効果と書面交付の懈怠の影響

　株主は、適法に書面交付請求権を行使した場合、すなわち、ある株主総会に係る議決権行使基準日までに会社に対して書面交付請求をした場合、当該ある株主総会について電子提供措置事項記載書面の交付を受けることができる。

　株主は、ある株主総会の議決権行使基準日より後に書面交付請求をした場合には、当該書面交付請求がその次の株主総会に係る議決権行使基準日までにされている限りは、当該次の株主総会について電子提供措置事項記載書面の交付を受けることができる。

　以上の点に関し、株主は、株主総会の都度、議決権行使基準日までに書面交付請求をしなければならないわけではない。すなわち、株主は、いったん適法な書面交付請求をすれば、その後の直近の株主総会について電子提供措置事項記載書面の交付を受けることができるだけでなく、書面交付請求を撤回しない限り、または後述する異議申述手続を経て失権しない限りは、それ以後に開催されるすべての株主総会および種類株主総会についても電子提供措置事項記載書面の交付を受けることができる[9]。

　適法な書面交付請求をした株主（の一部）に対し、電子提供措置事項記載書面の交付をしなかった場合（その交付が、6で述べる株主総会の招集通知に際してのその開催日の2週間前までよりも短いタイミングで行われた場合を含む。）は、株主総会の招集手続の法令違反（831条1項1号）として、株主総会の決議の取消事由となると解さざるを得ない。株主総会の招集手続が法令に違反するときであっても、裁判所は、その違反する事実が重大でなく、かつ、決議に影響を及ぼさないものであると認めるときは、株主総会の決議取消しの訴えに係る請求を棄却することができ（いわゆる裁量棄却。同条2項）、その余地は直ちに否定されないであろうが、慎重な判断がされることになるのではないかと思われる[10]。

---

9)　一問一答38頁。

6　書面を交付するタイミング

　株主が適法な書面交付請求をした場合、取締役は、電子提供措置をとる場合には、株主総会の招集通知に際して、すなわち、株主総会の招集通知とともに、当該株主総会に係る電子提供措置事項記載書面を交付しなければならない（325条の5第2項）。

　電子提供措置をとる場合には、株主総会の招集通知は、株主総会の開催日の2週間前までに発出しなければならない（325条の4第1項）。したがって、電子提供措置事項記載書面の交付（発出）も、株主総会の開催日の2週間前までに行わなければならない。

　なお、電子提供措置事項を記載した書面の交付は、電子提供措置をとる場合に行う必要がある。したがって、電子提供措置をとる旨の定款の定めがあり、かつ、適法な書面交付請求をした株主がいる場合であっても、ある株主総会について電子提供措置をとる必要がないとき（すなわち、①株主総会に出席しない株主が書面投票もしくは電子投票によって事前に議決権を行使することができることとする場合または②取締役会設置会社である場合のいずれでもない場合）は、取締役は、電子提供措置事項記載書面を交付する必要はない。

7　電子提供措置事項記載書面の内容

(1)　原則的な内容

　取締役は、書面交付請求をした株主に対し、電子提供措置事項記載書面として、**図表1-Ⅳ-7**に掲げる事項（325条の3第1項各号に掲げる事項）、すなわち、電子提供措置事項の「すべて」を記載した書面を交付しなければならないのが原則である。

---

10)　なお、太田洋＝野澤大和編著『令和元年会社法改正と実務対応』（商事法務、2021）114頁〔太田洋＝髙木弘明〕は、「書面交付請求への対応に不備があった場合でも、軽微な不備は会社法831条2項の裁量棄却に該当するものと考えられる」としているが、「軽微な不備」がいかなる場合であるかは明らかでない。

　ところで、電子提供措置は、ウェブサイトに掲載したファイルを印刷することができるものである必要がある。もっとも、書面交付請求をした株主に対して交付すべき「電子提供措置事項を記載した書面」（電子提供措置事項記載書面）とは、電子提供措置としてウェブサイトに掲載したファイルそのものを印刷した書面である必要はないと解される（もちろん、これを印刷した書面を電子提供措置事項記載書面とすることでもよい）。書面交付請求をした株主に対して交付すべき「電子提供措置事項を記載した書面」は、あくまでも、電子提供措置事項である**図表１-Ⅳ-７**に掲げる事項（325条の３第１項各号に掲げる事項）を記載した書面である必要があり、かつ、それで足りる。すなわち、「電子提供措置事項を記載した書面」は、その内容として、**図表１-Ⅳ-７**に掲げる事項が記載されてさえいればよい。

　また、**図表１-Ⅳ-７**に掲げる事項の中には、電子提供措置事項（**図表１-Ⅳ-７**の①〜⑥の事項）を修正した場合におけるその旨および修正前の事項がある（同⑦）。電子提供措置事項の修正は、電子提供措置の開始後、随時生じ得る。書面交付請求をした株主に対して交付する電子提供措置事項記載書面には当該修正に関する事項も記載することになるが、電子提供措置事項記載書面の交付後、すなわち、株主総会の招集通知の発出後、電子提供措置事項の修正が生じた場合であっても、その修正の都度、書面交付請求をした株主に対し、当該修正に係る事項を記載した書面を交付しなければならないとすると、会社にとって非常に酷である。

　この点については、会社法施行規則65条３項、133条６項、会社計算規則133条７項および134条７項に基づき、株主総会参考書類、事業報告、計算書類および連結計算書類の修正に関し、その修正後の事項を株主に周知させる方法を、ウェブサイトに掲載する方法と定め（いわゆるウェブ修正。**コラム１-Ⅳ-２**参照）、株主総会の招集通知と併せて株主に当該方法を通知していた場合であって、当該方法によって修正をするときは、別途、書面交付請求をした株主に対し、電子提供措置事項を修正した旨および修正前の事項を記載した書面を交付することを要しないと解されている[11]。この場合には、電子提供措置事項記載書面の交付のタイミングであ

---

11)　一問一答30〜31頁。

る株主総会の招集通知の発出時までに修正された事項を電子提供措置事項記載書面に記載し、これを交付する必要があり、かつ、それで足りることとなる。

(2)　定款の定めによる電子提供措置事項記載書面への記載からの一部除外

①　定款の定めの創設

(1)で述べたとおり、原則として、書面交付請求をした株主に対して交付する書面には、電子提供措置事項のすべてを記載しなければならない。

　他方で、定款の定めを設けることにより、電子提供措置事項のうちの一部を記載しなくともよい（当該一部を除いた事項のみを記載した書面を交付すれば足りる）こととされている。すなわち、会社は、電子提供措置事項のうち法務省令で定めるものの全部または一部については、書面交付請求をした株主に対して交付する書面に記載することを要しない旨を定款で定めることができる（325条の5第3項）。

　「法務省令で定めるもの」とは、いわゆるウェブ開示によるみなし提供制度が認められている事項に基本的に倣っており、具体的には、**図表1-V-1**に掲げる事項である（会社法施行規則95条の4第1項）。ウェブ開示によるみなし提供制度とは、①株主総会参考書類の一部、②事業報告の一部、③計算書類のうちの株主資本等変動計算書および個別注記表ならびに④連結計算書類のすべて（会計監査報告および監査報告を含む）について、株主総会の招集通知の発出時から株主総会の開催日後3か月が経過する日までの間継続して、ウェブサイトに掲載することによって、株主に提供したものとみなす制度をいう（会社法施行規則94条1項、133条3項、会社計算規則133条4項、134条4項）。ウェブ開示によるみなし提供がされる事項については、株主に対して書面が提供されないこととなるが、株主の書面交付請求権は認められていない。

　そのため、電子提供措置事項についても、その中のウェブ開示によるみなし提供がされる事項と同じ事項は、書面交付請求をした株主に対して交付すべき「電子提供措置事項を記載した書面」に記載しなくともよいものとしなければ、バランスを欠く。そこで、定款の定めを設けることによ

り、電子提供措置事項のうち、**図表1-V-1**において「電子提供措置事項
記載書面への記載の要否」の欄で○を付した事項については、書面交付請
求をした株主に対して交付すべき電子提供措置事項記載書面に記載するこ
とを要しないこととされている。

　ただし、**図表1-V-1**のとおり、電子提供措置事項記載書面に記載すべ
き事項から除外することができる事項の範囲と、ウェブ開示によるみなし
提供が認められる事項の範囲が完全に一致するわけではないことに留意す
る必要がある。特に、責任限定契約に関する事項、連結貸借対照表および
連結損益計算書に記載すべき事項は、ウェブ開示によるみなし提供が認め
られるが、電子提供措置事項記載書面に記載すべき事項から除外すること
はできない。

　ウェブ開示によるみなし提供が認められる事項の中で、事業報告におけ
る責任限定契約に関する事項ならびに連結計算書類のうち連結貸借対照表
および連結損益計算書に記載すべき事項が、電子提供措置事項記載書面に
必ず記載しなければならないとされた理由は、株主総会資料の電子提供制
度のもとであえて書面交付請求をする株主に対しては、書面により十分な
情報提供がされる必要があると考えられたためであるとされている[12]。

　より具体的には、事業報告における責任限定契約に関する事項（会社法
施行規則121条3号、125号1号、126条7号）は、会社役員に適切なインセ
ンティブを付与するという意義を有することから、株主にとって重要な情
報であるためであるとされている[13]。

　また、連結貸借対照表および連結損益計算書に記載すべき事項について
は、グループとして経営しており連結計算書類を作成している会社につい
て、株主がその業績等を十分に把握するためには、単体の計算書類だけで

---

12)　省令解説53頁。
13)　パブコメ回答第3、1⑾⑨（56〜57頁）。なお、事業報告における補償契約に関す
　る事項（会社法施行規則121条3号の2〜3号の4、125号2号〜4号、126条7号の
　2〜7号の4）および役員等賠償責任保険契約（D&O保険契約）に関する事項（会社
　法施行規則121条の2）は、ウェブ開示によるみなし提供が認められず、かつ、電子
　提供措置事項記載書面にも必ず記載しなければならない事項とされているが、責任限
　定契約に関する事項について本文で述べた理由と同様の理由が当該パブコメ回答に示
　されている。

なく、連結計算書類を参照することが重要であると考えられるためである
とされている [14]。

　このほか、株主総会参考書類に記載すべき事項および事業報告に記載す
べき事項については、**図表 1 - V - 1**中「○」とした事項であっても、同図
表の 3.⑤および 4.⑮のとおり、電子提供措置事項記載書面に記載しない
ことについて監査役等が異議を述べている事項は、電子提供措置事項記載
書面から除外することはできず、これに必ず記載しなければならない。こ
れに対し、計算書類および連結計算書類に記載・記録すべき事項について
は、このような監査役等の異議権が認められていない。

　Ⅰの 2 ⑵②で述べたとおり、ウェブ開示によるみなし提供制度の利用が
普及している状況に鑑みると、多くの会社において、**図表 1 - V - 1**に掲げ
る事項の全部または一部（基本的には全部）について、電子提供措置事項
記載書面に記載することを要しない旨の定款の定め（325 条の 5 第 3 項の規
定による定款の定め）を設けることになると考えられる（Ⅲの 4 参照。定款
の定めの具体的な内容も同項目を参照されたい）。

　なお、電子提供措置をとる旨の定款の定めに関しては、施行日において
振替株式の発行会社である会社（上場会社）について、整備法上、経過措
置が設けられており、施行日に電子提供措置をとる旨の定款の定めを設け
る定款変更の決議をしたものとみなされる（整備法 10 条 2 項）。これに対
し、325 条の 5 第 3 項の規定による定款の定めについては、このような経
過措置は設けられていない。そのため、施行日において振替株式の発行会
社である会社においても、当該定めを設けるための定款変更に係る株主総
会の決議を経る必要がある（Ⅲの 5 ⑵①参照）。

---

14)　パブコメ回答第 3、1 ⑾⑥（55 頁）。

【図表 1-Ⅴ-1】 電子提供措置事項のうち、定款の定めを設けることにより、電子提供措置事項記載書面に記載することを要しないこととすることができる事項の範囲

※数字は、「法」と付記しているものは会社法の条文番号を、「施」と付記しているものは会社法施行規則の条文を、「計」と付記しているものは会社計算規則の条文を、それぞれ示す。

電子提供措置事項	電子提供措置事項記載書面への記載の要否 ○：記載しないこととすることが可能 ×：記載しないこととすることが不可	（参考）ウェブ開示によるみなし提供の可否 15) ○：ウェブ開示をすることができる事項 ×：ウェブ開示をすることができない事項
1．法 298 Ⅰ 各号に掲げる事項（法 325 の 3 Ⅰ①）	×	×
2．書面による議決権行使を認める場合において議決権行使書面に記載すべき事項（法 325 の 3 Ⅰ②）	× （ただし、議決権行使書面に記載すべき事項について電子提供措置をとらず、議決権行使書面を株主に交付する場合を除く）	×
3．株主総会参考書類に記載すべき事項（法 325 の 3 Ⅰ②③）		
①議案（施 73 Ⅰ①、95 の 4 Ⅰ①イ）	×	×
②提案の理由（施 73 Ⅰ②）	○	○

---

15)　ウェブ開示によるみなし提供制度については、新型コロナウイルス感染症の影響を踏まえ、「会社法施行規則及び会社計算規則の一部を改正する省令」（令和 3 年法務省令第 1 号）により、一定の要件のもとで、その対象となる事項が一部拡大されている（具体的には、事業報告に表示すべき事項の一部並びに単体の貸借対照表及び損益計算書に表示すべき事項が拡大の対象とされている）。当該改正は、公布日である 2021 年 1 月 29 日に施行されている（附則 1 条）が、同年 9 月 30 日限りで失効する時限的な措置である（附則 2 条）。改正内容は、2020 年 5 月 15 日に公布・施行され、同年 11 月 15 日の経過により失効した改正と同様であり、その詳細については、塚本英巨「ウェブ開示の対象を拡大する特例措置に係る法務省令改正の概要」旬刊商事法務 2231 号（2020）35 頁を参照されたい。

③監査役等が議案について報告をすべき場合（法384等）における報告の内容の概要（施73Ⅰ③）	○	○
④株主の議決権行使について参考となる事項（施73Ⅱ）	○	○
⑤電子提供措置事項記載書面に記載しないことについて監査役等が異議を述べている事項（施95の4Ⅰ①ロ）	×	― （ウェブ開示を行うことについて監査役等が異議を述べている事項（施94Ⅰ④）は、×）
⑥上記以外の事項	○	○ （ただし、以下を除く。 ・株主総会参考書類に記載することとする事業報告の記載事項のうち、ウェブ開示の対象とならない事項（施94Ⅰ②） ・ウェブ開示を行うウェブサイトのアドレス（施94Ⅰ③、Ⅱ））
4. 事業報告に記載・記録すべき事項（法325の3Ⅰ⑤）		
①会社の状況に関する重要な事項（施118①）	○	○
②内部統制システムの整備についての取締役会の決議の内容の概要およびその運用状況の概要（施118②）	○	○
③会社の財務および事業の方針の決定を支配する者の在り方に関する基本方針に関する事項（施118③）	○	○
④特定完全子会社に関する事項（施118④）	○	○

⑤親会社等との間の取引に関する事項（施118⑤）	○	○
⑥会社の現況に関する事項（公開会社に限る。施119①）		
(1)主要な事業内容（施120 I ①）	○	○
(2)主要な営業所・工場および使用人の状況（施120 I ②）	○	○
(3)主要な借入先および借入額（施120 I ③）	○	○
(4)事業の経過およびその成果（施120 I ④）	×	×
(5)重要な資金調達、設備投資、事業の譲渡、吸収分割または新設分割、他の会社の事業の譲受け、合併等についての状況（施120 I ⑤）	×	×
(6)直前三事業年度の財産および損益の状況（施120 I ⑥）	○	○
(7)重要な親会社および子会社の状況（施120 I ⑦）	×	×
(8)対処すべき課題（施120 I ⑧）	×	×
(9)その他会社の現況に関する重要な事項（施120 I ⑨）	○	○
⑦会社役員に関する事項（公開会社に限る。施119②）		
(1)会社役員の氏名（施121①）	×	×
(2)会社役員の地位および担当（施121②）	×	×
(3)会社役員と会社との間の責任限定契約の内容の概要（施121③）	×	○
(4)会社役員と会社との間の補償契約に関する事項（施121③の2〜③の4）	×	×

(5)会社役員の報酬等に関する事項（施121④〜⑥の3）	×	×
(6)辞任した会社役員または解任された会社役員に関する事項（施121⑦）	○	○
(7)当該事業年度に係る当該会社の会社役員の重要な兼職の状況（施121⑧）	○	○
(8)財務および会計に関する相当程度の知見を有している監査役等についての事実（施121⑨）	○	○
(9)常勤の監査等委員または監査委員に関する事実（施121⑩）	○	○
(10)その他会社役員に関する重要な事項（施121⑪）	○	○
⑧役員等賠償責任保険契約（D＆O保険契約）に関する事項（公開会社に限る。施119②の2、121の2）	×	×
⑨株式に関する事項（公開会社に限る。施119③、122）	○	○
⑩新株予約権等に関する事項（公開会社に限る。施119④、123）	○	○
⑪社外役員等に関する事項（公開会社に限る。施119②、124）	○	○
⑫会計参与に関する事項		
(1)会計参与と会社との間の責任限定契約の内容の概要（施125①）	×	○
(2)会計参与と会社との間の補償契約に関する事項（施125②〜④）	×	×
⑬会計監査人に関する事項		

(1)会計監査人の氏名または名称（施126①）	○	○
(2)会計監査人の報酬等に関する事項（施126②）	○	○
(3)非監査業務の内容（施126③）	○	○
(4)会計監査人の解任または不再任の決定の方針（施126④）	○	○
(5)会計監査人の業務停止処分に関する事項（施126⑤⑥）	○	○
(6)会計監査人と会社との間の責任限定契約の内容の概要（施126⑦）	×	○
(7)会計監査人と会社との間の補償契約に関する事項（施126⑦の2〜⑦の4）	×	×
(8)会社が有価証券報告書の提出義務を負う大会社である場合において、会計監査人である公認会計士または監査法人に当該会社およびその子会社が支払うべき金銭その他の財産上の利益の合計額等（施126⑧）	○	○
(9)辞任した会計監査人または解任された会計監査人に関する事項（施126⑨）	○	○
(10)剰余金の配当等に関する方針（施126⑩）	○	○
⑭監査役等の監査報告	×	×
⑮電子提供措置事項記載書面に記載しないことについて監査役等が異議を述べている事項（施95の4 I②ロ）	×	—（ウェブ開示を行うことについて監査役等が異議を述べている事項（施133III②）は、×）
5.　計算書類に記載・記録すべき事項（法325の3 I⑤）		

①貸借対照表	×	×
②損益計算書	×	×
③株主資本等変動計算書	○	○
④個別注記表	○	○
⑤会計監査人の会計監査報告および監査役等の監査報告	×	×
6.　連結計算書類に記載・記録すべき事項（法325の3 I⑥）		
①連結貸借対照表	×	○
②連結損益計算書	×	○
③連結株主資本等変動計算書	○	○
④連結注記表	○	○
⑤会計監査人の会計監査報告および監査役等の監査報告	○ （そもそも株主総会の招集通知に際しての提供は任意であり、電子提供措置事項でなく、電子提供措置事項記載書面に記載することを要しない（計134 III、パブコメ回答第3、1(11)⑦（56頁）)）	○ （株主総会の招集通知に際しての提供は任意（計134 II））
7.　株主の議案要領通知請求があった場合における当該議案の要領（法325の3 I④）	×	×
8.　電子提供措置事項を修正した旨および修正前の事項（法325の3 I⑦）	×	―

②　一部除外をするための手続

　書面交付請求をした株主に交付する電子提供措置事項記載書面に記載すべき事項の一部の事項の記載を除外するためには、まず、①で述べたとおり、これを許容する旨の325条の5第3項の規定による定款の定めを設ける必要がある。

　そして、除外する事項のうち、株主総会参考書類に記載すべき事項につ

【図表 1‐V‐2】 電子提供措置事項記載書面の交付を受ける株主に対する通知

電子提供措置事項記載書面から除外する事項	電子提供措置事項記載書面の交付を受ける株主に対する通知を要する事項
事業報告に関する事項の一部	監査役等が、電子提供措置事項記載書面に記載された事項（事業報告に記載され、または記録された事項に限る）が監査報告を作成するに際して監査をした事業報告に記載され、または記録された事項の一部である旨を株主に対して通知すべきことを取締役に請求したときは、その旨
株主資本等変動計算書または個別注記表	監査役等または会計監査人が、電子提供措置事項記載書面に記載された事項（計算書類に記載され、または記録された事項に限る）が監査報告または会計監査報告を作成するに際して監査をした計算書類に記載され、または記録された事項の一部である旨を株主に対して通知すべきことを取締役に請求したときは、その旨
連結株主資本等変動計算書または連結注記表	監査役等または会計監査人が、電子提供措置事項記載書面に記載された事項（連結計算書類に記載され、または記録された事項に限る）が監査報告または会計監査報告を作成するに際して監査をした連結計算書類に記載され、または記録された事項の一部である旨を株主に対して通知すべきことを取締役に請求したときは、その旨

いては、Ⅳの3で述べたとおり、株主総会の招集を決定する取締役会の決議において、いずれの事項を除外するかを決定（特定）する必要がある（298条1項5号・4項、会社法施行規則63条3号ト）。株主総会ごとに当該事項が変わることはあまり想定されないため、当該事項を決定する最初の取締役会において、以後の株主総会についても同様とする旨を決議しておけば、株主総会の招集を決定する取締役会の都度、当該事項を決定する必要はないと解される。

　また、実際に、書面交付請求をした株主に交付する電子提供措置事項記載書面に記載すべき事項の一部の事項を除外する場合において、**図表1‐V‐2**の左欄に掲げる事項の全部または一部を電子提供措置事項記載書面に記載しない場合は、取締役は、右欄に掲げる事項を、電子提供措置事項記載書面の交付を受ける株主に対して通知しなければならない（会社法施

行規則 95 条の 4 第 2 項）。

8　電子提供措置事項記載書面を交付しなければならない株主を減らすための措置——異議申述手続

(1)　異議申述手続の概要

5 で述べたとおり、株主は、いったん、書面交付請求を適法に行えば、その後、これを撤回しない限り、直近で開催される株主総会において電子提供措置事項記載書面の交付を受けることができるだけでなく、その請求以後開催される株主総会のすべてにおいて電子提供措置事項記載書面の交付を受けることができる。

これを前提とすると、書面交付請求をした株主、すなわち、会社が電子提供措置事項記載書面を交付しなければならない株主の数が累積的に増え、それに伴い、会社の負担も増えることになる。

他方で、書面交付請求をした株主の中には、その後、電子提供措置事項記載書面の交付を要しないこととなった者も生じ得るが、そのような株主が、会社に対し、書面交付請求の撤回の意思表示を自発的に行うことは想定し難い。そして、そのような株主に対してまで電子提供措置事項記載書面の交付を継続することは、株主に書面交付請求権を認めた趣旨、さらには電子提供制度の趣旨に沿わない。

そこで、電子提供措置事項記載書面の交付を要する株主の数を減らすための措置として、「異議申述手続」が設けられている。

異議申述手続の内容は、以下のとおりである。書面交付請求をした日（当該株主が後述の異議を述べた場合にあっては、当該異議を述べた日）から1年を経過したときは、会社は、当該株主に対し、①電子提供措置事項記載書面の交付を終了する旨を通知し、かつ、②これに異議のある場合には一定の期間（以下「催告期間」という）内に異議を述べるべき旨を催告することができる（325 条の 5 第 4 項）。

②異議を述べるべき一定の期間は、1 か月を下回ることができない（同項ただし書）。実務上は、催告期間について、最短のちょうど 1 か月間を設定することになると考えられる。なお、催告期間は、株主による催告の

受領から1か月間（株主が催告を受領した日の翌日から起算して1か月間）であると解される。

　会社による株主に対するこれらの①通知および②異議催告の方法について、会社法上特段の規制はないが、(2)で述べるとおり、実務上は、書面によって行うことになると考えられる。

　そして、これらの①通知および②異議催告を受けた株主が、催告期間内に異議を述べなければ、当該株主がした書面交付請求は、催告期間を経過した時にその効力を失う（325条の5第5項）。したがって、会社は、当該失効後に開催する株主総会の招集通知に際し、書面交付請求が失効した当該株主に対して電子提供措置事項記載書面を交付する必要がなくなる。これにより、電子提供措置事項記載書面を交付すべき株主の数が漸減することが期待される。もっとも、株主は、催告期間内に異議を述べなかったことによってその書面交付請求が効力を失ったからといって、以後、書面交付請求を再度行うことまでできなくなるわけではない。当該株主は、書面交付請求の失効後、やはり電子提供措置事項記載書面の交付を受けたいと考える場合は、議決権行使基準日までに会社に対して書面交付請求をすることにより、当該議決権行使基準日に係る株主総会（およびそれ以後に開催される株主総会）について、電子提供措置事項記載書面の交付を受けることができる。

　これに対し、催告期間内に異議を述べた株主がいる場合は、会社は、当該株主に対しては、引き続き、電子提供措置事項記載書面を交付する必要がある。株主が異議を述べる方法についても、会社法上特段の規制はない。そのため、株主は、会社に対して異議を述べるにあたり、必ずしも書面によらなければならないわけではなく、口頭で行うこともできると考えられる。もっとも、会社にとっては、株主からの異議の有無によって、以後、電子提供措置事項記載書面を交付することを引き続き要するかどうかが異なることになる。そのため、会社としては、株主から異議が述べられたことを記録化しておきたいところである。そこで、書面交付請求の方法と同様に、後述の**コラム1-V-2**のとおり、定款または株式取扱規程等において、異議を述べる方法を書面に限定することも認められると解される。

(2)　異議申述手続の実務

　異議申述手続をとるかどうかは、会社の任意の判断に委ねられている。
そのため、例えば、一年に一回、異議申述手続をとるというように、毎
年、当該手続をとることや、書面交付請求をした株主が一定数となった段
階で、数年おきに行うことが考えられる（次に述べるとおり、毎年行うか数
年おきに行うかは別として、基本的に、株主総会の招集通知の際に行うことが
考えられる）。

　次に、会社による①通知および②異議催告の方法について、会社法上特
段の規制はない。そのため、会社は、書面交付請求をした株主に対し、口
頭で通知および異議催告を行うこともできると解されるが、実務上は、適
法に異議申述手続をとったことを記録化するため、書面により通知および
異議催告を行うことになると考えられる。書面により行う場合は、①電子
提供措置事項記載書面の交付を終了する旨の通知および②これに異議のあ
る場合には催告期間内に異議を述べるべき旨の催告を1通の書面にまとめ
て記載することが考えられる。

　他方で、書面により通知および異議催告を行う場合は、印刷および発送
について一定のコストを要する。そこで、通知および異議催告を記載した
会社からの書面は、株主総会の招集通知に同封して株主に送付することが
考えられる。さらに、前述のとおり、株主から異議が述べられた場合に
は、会社としては、その記録を残しておく必要があると考えられる。その
ため、通知・異議催告書面とともに、異議を述べる株主が会社に対して返
信すべき異議申述書面も、株主総会の招集通知に同封し、株主に対し、当
該異議申述書面を返信することをもって異議を述べることを求めることが
考えられる。

　このほか、株主総会の招集通知の発出のタイミングとは全く別に、異議
申述手続をとることが考えられる。この場合には、例えば、株主に対し、
往復はがきを送付し、往信用はがきに、通知および異議催告を記載し、返
信用はがきを異議申述書面とする方法が考えられる。

　株主総会の招集通知に通知・異議催告書面を同封するケースを例にとっ
て具体的に手続の流れを考えてみたい。3月決算の会社を前提とすると、
あるX年において、株主は、議決権行使基準日であるX年3月末日までに

書面交付請求をする必要がある。会社は、Ｘ年6月に開催する定時株主総会については、書面交付請求をした当該株主に対し、書面を交付する必要がある。会社は、当該株主について、当該書面交付請求をした日（遅くともＸ年3月末日）から1年を経過したときに、異議申述手続をとることができることから、当該1年が経過した、翌年のＸ＋1年の6月に開催する定時株主総会の招集通知の際（招集通知を発出した日を、例えば、Ｘ＋1年の6月1日とする）に、電子提供措置事項記載書面を交付するとともに、異議申述手続をとる、すなわち、電子提供措置事項記載書面の交付を終了する旨の通知および異議の催告を記載した書面を招集通知に同封することが考えられる。この場合に、催告期間が1か月とされていると、当該書面を受領してから1か月以内に当該株主が異議を述べなければ、当該株主の書面交付請求が失効することになる。したがって、会社は、さらに翌年のＸ＋2年の6月に開催する定時株主総会において、当該株主に対し、電子提供措置事項記載書面を交付することを要しない。

　なお、前述のとおり、株主は、いったん書面交付請求が失効した場合であっても、その後改めて書面交付請求をすることができる。したがって、当該株主が議決権行使基準日であるＸ＋2年の3月末日までに改めて書面交付請求をした場合は、会社は、Ｘ＋2年の6月に開催する定時株主総会の招集通知に際し、当該株主に対し、書面を交付する必要がある。

　これに対し、株主が通知および異議の催告を記載した当該書面を受領してから1か月以内に会社に対して異議を述べた場合には、当該株主の行った書面交付請求は、失効しない。そのため、会社は、Ｘ＋2年の6月に開催する定時株主総会において、当該株主に対し、電子提供措置事項記載書面を交付することを要する。

　ところで、会社が、当該株主に対し、再度、異議申述手続をとることとする場合には、そのタイミングに留意する必要がある。すなわち、会社が、異議を述べた株主に対して異議申述手続をとることができるのは、当該異議を述べた日から1年を経過してからである（325条の5第4項括弧書）。仮に株主が、Ｘ＋1年の6月30日に異議を述べた（異議に係る書面が会社に到達した）とした場合、会社は、それから1年を経過して初めて、当該株主に対し、異議申述手続をとることができる。もっとも、翌年のＸ

＋2年の6月に開催する定時株主総会の招集通知の発出日が同月1日であるとすると、当該発出の時点では、異議を述べた日からまだ1年が経過していない。そのため、この場合には、会社は、当該株主に対しては、Ｘ＋2年の6月に開催する定時株主総会の招集通知の際に異議申述手続をとる（通知・異議催告を記載した書面を同封する）ことができない。

　このように、特に、異議を述べた株主がいる場合は、必ずしも、書面交付請求をした株主全員に対して一律に、定時株主総会の招集通知の際に異議申述手続をとることができるわけではないことに留意する必要がある。

【コラム1-Ⅴ-2】解釈上の論点──書面交付請求および異議申述の方式

　本文で述べたとおり、株主が会社に対して書面交付請求をする方式および異議申述手続において会社に対して異議を述べる方式について、会社法上特段の制限はない（325条の5第1項・4項・5項）。

　そのため、株主は、書面によらずとも、口頭（例えば、電話）により、これらの書面交付請求や異議申述を行うことができるのが原則である。

　もっとも、実務上、例えば、ある定時株主総会の招集にあたり、狭義の招集通知に相当する書面（アクセス通知）しか受領しなかった株主が、会社のＩＲの部署等に電話をし、株主総会参考書類等が同封されていないことについての問合せ（不満・苦情の連絡）をし、その中で、今後は、株主総会参考書類等も書面で送付してほしいということを述べることが想定される。しかし、このような口頭のやり取りにおいては、株主から書面交付請求や異議申述がされたかどうかが明確でなく、会社として判断するのが難しいケースも想定される。

　他方で、会社としては、株主総会の招集通知に際し、適法な書面交付請求や異議申述をした株主に対して電子提供措置事項記載書面の交付をしなかった場合には、5で述べたとおり、当該株主総会の決議に瑕疵（株主総会の決議の取消事由。831条1項1号）があることとなるため、書面交付請求や異議申述があったことを明確化しておきたいところであり、そのようなニーズは非常に合理的である。

　そこで、定款または定款の授権を受けて定められる株式取扱規程等において、株主による書面交付請求および異議申述の方法について、別途、会社が定める書面によって行うこととすることが考えられるが、このような制限は認められるであろうか。

　この点について、例えば、いわゆる株主提案権（303条の議題提案権および305条の議案要領通知請求権）についても、会社法上、株主による行使の方式についての定めはなく、口頭による行使も認められるのが原則である。しかし、会

社法の立案担当者によれば、株主提案権（およびその他株主権）の行使の方法について会社が制限をかけないことを強行的に要求するものではなく、したがって、定款の定めにより、または定款の定めによる委任に基づき定められる株式取扱規程等により、株主の請求の方法について合理的な制約を加えることは差支えないと解されている[16]。

　株主による書面交付請求および異議申述の方法について、株主提案権等と別異に解すべき理由はない。

　そして、株主による書面交付請求および異議申述の方法を書面に限ることとすることも、合理的な制限であると考えられる（なお、デジタル・デバイドの問題を踏まえて書面交付請求権が認められたことからすれば、これらの方法を電磁的方法のみに限定することは、合理的な制限として認められない可能性が高いと思われる）。

　したがって、定款または定款の授権を受けて定められる株式取扱規程等において、株主による書面交付請求および異議申述の方法を書面に限ることができると解される。

　このような制限を設けた場合において、株主が口頭（電話）で書面交付請求または異議申述をしたときは、会社として、改めて会社所定の書面によって行うこと（書面交付請求については、次回の株主総会の議決権行使基準日までに、異議申述については、催告期間内に、それぞれ会社に到達する必要があること）を当該株主に案内するのが適切である。

【コラム 1 - Ｖ - 3】解釈上の論点―― 一部の株主のみに対する通知・異議催告

　会社が適法に異議申述手続をとることができる株主（すなわち、書面交付請求をした日または異議を述べた日から 1 年が経過した株主）が一定数いる場合において、そのうちの一部に対してのみ異議申述手続をとることは許容されるであろうか。

　この点について、何らかの理由により会社からみて好ましくないと考えられる

---

16)　相澤哲＝郡谷大輔「会社法施行規則の総論等」相澤哲編著『立案担当者による新会社法関係法務省令の解説』別冊商事法務 300 号（2006）14 頁、相澤哲ほか『論点解説　新・会社法』（商事法務、2006）127 頁。なお、大阪株式懇談会編『会社法実務問答集Ⅰ（上）』（商事法務、2017）200 頁〔前田雅弘〕は、株主権の行使方法に関する事項を株式取扱規程に定めることについて、定款による授権が不可欠であるとまで解する必要はないのではないかとしている。

株主に対してのみ、異議申述手続をとり、その書面交付請求を失効させようとすることは適切でないと考えられる。他方で、例えば、書面交付請求をした日または異議を述べた日から経過した時間が長ければ長いほど、株主側においても、もはや電子提供措置事項記載書面の交付を必要としなくなっている可能性がより高くなるとも考えられる。このように、（そのような実務上のニーズがあるかは定かではないが）書面交付請求をした日または異議を述べた日から経過した期間が一定期間に達している株主に限定するなど、合理的な基準を設定したうえで、一部の株主に対してのみ異議申述手続をとることも、会社法上許容されると考えられる。

Ⅵ　電子提供措置の中断

1　電子提供措置の中断に対する救済措置

　電子提供措置は、株主総会の開催日の3週間前の日または招集通知を発した日のいずれか早い日（電子提供措置開始日）から株主総会の開催日後3か月を経過する日までの間（電子提供措置期間）、継続して行わなければならない。

　他方で、サーバのダウンやハッキング等により、電子提供措置期間において継続して電子提供措置を行えないことや電子提供措置の内容が改ざんされてしまうことも想定される。

　しかし、このように会社に落ち度が無いような場合にまで、電子提供措置が法令に反し、直ちに無効であるとして、当該電子提供措置に係る株主総会の決議に瑕疵があり、取り消され得るものとされてしまっては、会社にとってきわめて酷である。

　そこで、325条の6は、このような場合における救済措置を定めている。すなわち、電子提供措置期間中に電子提供措置の「中断」が生じた場合において、図表1-Ⅵ-1に掲げる要件のいずれにも該当するときは、当該中断は、当該電子提供措置の効力に影響を及ぼさず、当該電子提供措置を有効として取り扱うとしている。逆に、図表1-Ⅵ-1に掲げる要件を全て満たさない（いずれかが欠ける）場合には、当該電子提供措置は無効となる。

　ここで、「電子提供措置の中断」とは、株主が提供を受けることができる状態に置かれた情報がその状態に置かれないこととなったことまたは当該情報がその状態に置かれた後改変されたことをいい、325条の3第1項

【図表 1 -Ⅵ- 1】 電子提供措置の中断があった場合に救済されるための要件

（以下の全ての要件を満たす必要がある）

①	電子提供措置の中断が生ずることにつき会社が善意でかつ重大な過失がないことまたは会社に正当な事由があること
②	電子提供措置の中断が生じた時間の合計が電子提供措置期間の 10 分の 1 を超えないこと
③	電子提供措置開始日から株主総会の開催日までの期間中に電子提供措置の中断が生じたときは、当該期間中に電子提供措置の中断が生じた時間の合計が当該期間の 10 分の 1 を超えないこと
④	会社が電子提供措置の中断が生じたことを知った後速やかにその旨、電子提供措置の中断が生じた時間および電子提供措置の中断の内容について当該電子提供措置に付して電子提供措置をとったこと

7 号の規定により電子提供措置事項が修正されたことを除くとされている（325 条の 6 柱書括弧書）。

　なお、電子公告について、会社は、電子公告調査機関に対して調査を行うことを求めなければならないとされている（941 条）が、電子提供措置をとったことについては、これと異なり、調査機関の調査を受ける必要はない。

　また、**コラム 1 -Ⅳ- 4** で述べたとおり、EDINET の特例を利用した場合において EDINET による公衆縦覧の中断が生じたときについては、325 条の 6 の適用はなく、また、そもそも当該中断が株主総会の決議に影響を及ぼすこともないと解される。

　図表 1 -Ⅵ- 1 の要件のうち、①、②および④は、電子公告の中断があった場合における救済措置を定める 940 条 3 項各号に掲げる要件を参考にしたものであり、その解釈にあたっては、同各号に関する解釈[1]が参考となる。

---

1)　始関正光「平成 16 年改正会社法の解説　電子公告制度・株券等不発行制度の導入〔Ⅻ〕」旬刊商事法務 1719 号（2005）126〜127 頁、130 頁、前田雅弘ほか「【座談会】電子公告制度の導入と実務対応」旬刊商事法務 1720 号（2005）20〜21 頁、弥永真生ほか監修＝西村ときわ法律事務所編『新会社法実務相談』（商事法務、2006）541〜543 頁〔仁平隆文〕参照。

　例えば、**図表1-Ⅵ-1**の①の「正当な事由」に関し、940条3項1号の定める「正当な事由」については、公告設備の定期的なメンテナンスのためにサーバを一時的に停止する場合が該当するとされている。電子提供措置の中断についてもこのようなサーバのメンテナンスが「正当な事由」に該当し得ると考えられるが、特に、後述する**図表1-Ⅵ-1**の③の要件との関係で、株主総会の開催日以前の期間にメンテナンスを行う必要があるか、また、電子提供措置開始日から株主総会の開催日までの期間の10分の1を超える時間の中断が生ずることにならないかなど、慎重に検討する必要があると考えられる。

　また、**図表1-Ⅵ-1**の①の重過失としては、最低限必要とされているサーバのメンテナンスを全く怠っていたためにサーバがダウンして電子提供措置の中断が生じた場合など、故意と同旨されるような場合が、これに該当すると考えられる。

　図表1-Ⅵ-1の④の要件は、当初の電子提供措置を掲載していたウェブサイトのページと同じページに、当初の電子提供措置に付加する形で、中断が生じたこと等について電子提供措置をとることになる。また、会社が中断の生じたことを「知った後速やかに」、当初の電子提供措置に「付して」電子提供措置をとるとあるが、当初の電子提供措置の中断中（中断の解消前）に当該付加的な電子提供措置をとることは不可能である。そのため、当該付加的な電子提供措置は、中断の解消前に中断が生じたことを知った場合にはその解消後速やかに当該付加的な電子提供措置をとり、また、中断の解消後に中断が生じたことを知った場合には当該知った後速やかに当該付加的な電子提供措置をとれば、中断が生じたことを「知った後速やかに」行ったものとして、④の要件を満たすものと解される。このような付加的な電子提供措置の内容としては、例えば、「〇〇年〇月〇日午前〇時〇分から同日午前〇時〇分までの間、通信回線トラブルにより、電子提供措置の中断が生じました」といったものが考えられる。

　以上に対し、**図表1-Ⅵ-1**の③の要件は、電子公告の中断があった場合における救済措置を定める940条3項各号には定められていない要件であり、電子提供措置の中断に固有の要件である。これは、電子提供措置は、株主総会の招集手続として、株主総会に関する情報を株主に提供するため

に行われるものであるところ、株主総会の開催に先立つ期間において長期間にわたって電子提供措置の中断があったにもかかわらず、電子提供措置期間、すなわち、株主総会の開催日後の期間も含めると、短期間の中断となる（すなわち、**図表1-Ⅵ-1**の②の要件を満たす）ために当該中断が電子提供措置の効力に何ら影響しないこととするのは適切でないことから設けられた要件であると考えられる。

　当該③の要件における「電子提供措置開始日」とは、325条の3第1項柱書において、株主総会の開催日の3週間前の日または招集通知を発した日のいずれか早い日を意味するものとして定義されている定義語である。そのため、実際には電子提供措置を株主総会の開催日の3週間前の日よりも早いタイミングで開始していたとしても、あくまでも、電子提供措置開始日は、株主総会の開催日の3週間前の日（またはこれよりも早く招集通知を発していれば当該発出日）であり、電子提供措置期間（**図表1-Ⅵ-1**の②の要件参照）も、その日から進行する。

　そして、当該③の要件は、電子提供措置開始日から株主総会の開催日までの期間中に電子提供措置の中断が生じた時間の合計が当該期間の10分の1を超えないことが要件とされている。電子提供措置開始日が株主総会の開催日の3週間（21日）前の日であるとすると、電子提供措置の中断が2日強に渡ると、当該電子提供措置の効力に影響を及ぼすことになる点に留意する必要がある。

　電子提供措置についてより長い期間の中断が生じても当該電子提供措置の効力に影響を及ぼさないようにするためには、株主総会の開催日の3週間前の日よりも早いタイミングで株主総会の招集通知を発出し、当該発出日を「電子提供措置開始日」として株主総会の開催日までの期間をより長く確保するほかないと考えられる。

2　電子提供措置の中断と株主総会の決議の効力

(1)　救済されない場合の株主総会の決議の効力の原則的な考え方

　電子提供措置は、株主総会資料に係る内容の情報を株主に提供するものである。そのため、電子提供措置の中断があり、325条の6によっても救

済されない場合には、株主総会の招集手続に瑕疵（同手続の法令違反による株主総会の決議の取消事由。831条1項1号）があることになるように思われる。

　もっとも、この点については、電子提供措置期間を、株主総会の開催日までの期間と開催日後の期間とで分けて考える必要がある。

　すなわち、電子提供措置期間のうち、株主総会の開催日以前の期間については、株主総会の招集手続として電子提供措置が求められていると解される。これに対し、株主総会の開催日後の期間については、電子提供措置事項に係る情報が、株主総会の決議の取消しの訴え等における証拠等として使用され得ることから、当該訴えの提訴期間（831条1項）を経過する日までの間、電子提供措置をとることが求められていると解される。

　したがって、電子提供措置期間中に電子提供措置の中断が生じた場合であっても、当該中断が、株主総会の開催日後にのみ生じており、株主総会の開催日以前には生じていなかったときは、仮に当該中断が生じた時間の合計が電子提供措置期間の10分の1を超えていたとしても、当該電子提供措置の効力には影響が生じないと解される[2]。

　これに対し、電子提供措置期間中に電子提供措置の中断が生じた場合において、当該中断が、株主総会の開催日の前後にわたって生じたときは、当該電子提供措置の中断が生じた時間の合計が電子提供措置期間の10分の1を超えていると、当該電子提供措置の効力に影響を及ぼすことになると解される[3]。この点は、仮に、株主総会の開催日以前における電子提供措置の中断時間の合計が、電子提供措置開始日から株主総会の開催日までの期間の10分の1を超えていなくとも、すなわち、**図表1-Ⅵ-1**の③（325条の6第3号）の要件を満たす場合であっても異ならない。

(2)　裁量棄却

　電子提供措置の中断が生じ、325条の6の要件を満たさないために、当該電子提供措置が無効となる場合、当該電子提供措置に係る株主総会については、その招集手続に瑕疵（法令の違反）があることとなり、当該株主

---

2)　一問一答42頁。
3)　一問一答42〜43頁。

総会の決議に取消事由があることとなる（831条1項1号）。

　ただし、株主総会の決議の取消しの訴えにおいては、株主総会の招集手続が法令に違反するときであっても、裁判所は、その違反する事実が重大でなく、かつ、決議に影響を及ぼさないものであると認めるときは、当該取消しの請求を棄却することができる（いわゆる裁量棄却。831条2項）。

　電子提供措置の中断による瑕疵について、いかなる場合に、その違反する事実が重大でないものとして、裁量棄却が認められるであろうか。

　この点については、例えば、会社が、電子提供措置を行うこととは別に、電子提供措置事項を記載した書面を全株主に提供していた場合（特に、遅くとも、電子提供措置をとることを要しない会社における招集通知の発出期限である株主総会の開催日の2週間前の日までに提供していた場合）は、当該電子提供措置の中断にかかわらず、裁量棄却が認められ得るのではないかと思われる[4]。

　また、株主総会の招集通知は、株主総会の開催日の3週間前より後の日（ただし、当該開催日の2週間前までの日）に発出しており、したがって、株主総会の開催日の3週間前の日が電子提供措置開始日となり、中断時間の合計は、当該電子提供措置開始日から株主総会の開催日までの期間の10分の1を超える場合であっても、実際に電子提供措置を開始した日は、株主総会の開催日の3週間よりも前であり、当該実際に開始した日から株主総会の開催日までの期間でみると、当該中断時間の合計が10分の1を超えないときも、株主の利益は実質的に害されていないといえ、裁量棄却が認められ得ると思われる。

---

[4]　なお、東京地判昭和54年7月23日判例時報964号115頁は、株主総会の招集通知が、会日より2週間前という法定の期間に対して2日遅れて発せられた事案において、「株主総会招集の手続またはその決議方法の瑕疵が重大でなく、かつ決議の結果に影響を及ぼさないと認められる場合には、決議取消の請求を棄却できると解すべきであるが、招集通知の法定期間に関する前記商法の規定は、株主が総会前に十分熟慮してその議決権を行使できるようにはかったものであるところ、本件の招集通知は、すべての株主に対して法定の招集期間に二日も足りない期日に発せられたものであるというのであるから、本件株主総会招集の手続にはその性質及び程度から見て重大な瑕疵があるものというべきであり、また、これが直ちに総会決議の結果に影響を及ぼさない瑕疵ということもできない。」として、裁量棄却を認めなかった。

【図表 1 -Ⅵ- 2】 電子提供措置の中断が生じたタイミングと、その効力への影響
　　　　　　　の有無

○：電子提供措置は有効　×：電子提供措置は無効

株主総会の開催日以前のみに中断が生じた場合	・中断が生じた時間の合計が、電子提供措置開始日から株主総会の開催日までの期間の 10 分の 1 を超えれば、×。ただし、裁量棄却の余地あり
株主総会の開催日以前および開催日後に中断が生じた場合	・株主総会の開催日以前における中断時間の合計が、電子提供措置開始日から株主総会の開催日までの期間の 10 分の 1 を超えれば、×。ただし、裁量棄却の余地あり。 ・また、開催日の前後を通じた当該中断時間の合計が、電子提供措置期間の 10 分の 1 を超えれば、×。ただし、裁量棄却の余地あり。 ・すなわち、開催日の前後を通じた中断の場合は、①株主総会の開催日以前における中断時間の合計が、電子提供措置開始日から株主総会の開催日までの期間の 10 分の 1 以下であり、かつ、②開催日の前後を通じた中断時間の合計が、電子提供措置期間の 10 分の 1 以下であれば、○
株主総会の開催日後にのみ中断が生じた場合	中断時間の長短の如何にかかわらず、○

(3)　まとめ

　以上述べたことを整理したものが、**図表 1 -Ⅵ- 2** である。

3　電子提供措置の中断に備えた対応

　1 で述べたとおり、電子公告と異なり、電子提供措置をとったことについては、調査機関の調査を受ける必要はない。

　そのため、電子提供措置の中断が生じてしまった場合において、325 条の 6 による救済が認められることを主張・立証することができるようにするため、会社において、例えば、ウェブサイトのログを保存しておくなどの必要がある。

　また、電子提供措置として株主総会資料を掲載するウェブサイトは、一つでなくともよい。そこで、Ⅱの 3 で述べたとおり、電子提供措置の中断

に備え、二つ以上のウェブサイトで電子提供措置をとることが考えられる。この場合には、電子提供措置をとる当該二つ以上のウェブサイトのアドレスを招集通知に記載する必要がある（325 条の 4 第 2 項 3 号、会社法施行規則 95 条の 3 第 1 項 1 号）。

　この点に関し、電子提供措置の中断が生じた場合のバックアップとして、補助的な位置づけで東京証券取引所のホームページの株主総会資料の公衆縦覧用サイトのアドレスを参照先として指定することができる予定である。この場合には、東京証券取引所のホームページも株主総会資料の掲載先として招集通知に記載し、実際に株主総会資料をアップロードしておけば、仮に株主総会資料を掲載している自社または契約先等のウェブサイトにおいて電子提供措置の中断が生じたとしても、東京証券取引所のホームページにおいても電子提供措置の中断が生じない限りは、救済され得ると考えられる。もっとも、東京証券取引所のシステムメンテナンス中は、東京証券取引所のホームページを閲覧することができないといった制約もあり、この点は、東京証券取引所から今後示されるであろう取扱い等を踏まえて対応する必要がある 5)。

5)　部会第 18 回会議（2018 年 12 月 12 日開催）議事録 3〜4 頁、座談会 12〜13 頁〔竹林俊憲幹事発言〕参照。これらによれば、システムメンテナンスによる閲覧の中断のほか、自社ホームページが中断した場合に、東京証券取引所のホームページが正常に稼働していたかどうか、そこにアップロードされていたファイルが元のものと同一のものかということについて、技術的に証明することができる範囲が限られているといった一定の制約があり、そのような制約があることを前提に、会社が東京証券取引所の公衆縦覧用サイトを参照先として指定することについて、東京証券取引所が了解しているとのことである。

Ⅶ　種類株主総会への適用

　これまで株主総会についての電子提供制度を主に念頭に置いて述べてきたが、最後に、種類株主総会（種類株式発行会社におけるある種類の株式の株主（種類株主）の総会。2条14号）についての電子提供制度の適用関係について、触れておきたい。

1　種類株主総会についての電子提供制度の採用

　325条の2柱書は、「株式会社は、取締役が株主総会 **（種類株主総会を含む。）** の招集の手続を行うときは」、株主総会参考書類等の内容である情報について電子提供措置をとる旨を定款で定めることができるとしている（下線太字は筆者）。これは、同条の定款の定めの内容として、株主総会に係る定めと種類株主総会に係る定めを別個に観念していないことを示すものである[1]。

　したがって、株主総会について電子提供措置をとるが、種類株主総会については電子提供措置をとらないということは、認められないと解される。

　その結果、種類株式発行会社である会社が、電子提供制度を導入し、電子提供措置をとる旨の定款の定めを設ける場合、株主総会についてだけでなく、種類株主総会についても、電子提供措置をとらなければならないこととなる。

　そして、種類株主総会についても電子提供措置がとられることから、

[1]　竹林俊憲「令和元年改正会社法の解説〔Ⅰ〕」別冊商事法務編集部編『令和元年改正会社法②―立案担当者・研究者による解説と実務対応―』別冊商事法務454号（2020）20頁。

325 条の 7 は、株主総会資料の電子提供制度に関する 325 条の 3～325 条の 6 の規定（ただし、後述する一部の規定を除く）を、種類株主総会に準用するものとしている。

2　種類株主総会における電子提供措置

325 条の 2 柱書括弧書は、電子提供措置の内容について、「電磁的方法により株主**（種類株主総会を招集する場合にあっては、ある種類の株主に限る。）**が情報の提供を受けることができる状態に置く措置…」と定めている（下線太字は筆者）。

したがって、種類株主総会を招集する場合における電子提供措置は、全株主ではなく、ある種類の株主のみが、当該種類株主総会に係る資料の内容である情報を閲覧することができる措置とすることができる。例えば、当該ある種類の株主の閲覧・印刷用のパスワードを設定し、当該ある種類の株主のみに当該パスワードを通知する、ということも考えられる。

なお、既に述べたとおり、電子提供措置に係る EDINET の特例は、定時株主総会に係る電子提供措置事項についてのみ認められ（325 条の 3 第 3 項括弧書）、種類株主総会については認められない。そのため、電子提供制度に関する規律の種類株主総会への準用を定める 325 条の 7 において、EDINET の特例を定める 325 条の 3 第 3 項が、種類株主総会に準用される条文から除かれている。また、種類株主総会の狭義の招集通知に相当する書面（アクセス通知）に記載すべき事項について、会社法施行規則 95 条の 3 第 2 項は、同条 1 項 2 号の EDINET の特例を利用した場合における EDINET に係るウェブサイトのアドレス等を除外している。

3　書面交付請求権

電子提供制度に関する規律の種類株主総会への準用を定める 325 条の 7 において、株主の書面交付請求権を定める 325 条の 5 第 1 項が、種類株主総会に準用される条文から除外されている。

しかし、これは、種類株主にその種類株主総会に係る書面交付請求権を

認めない趣旨ではない。

　Ⅴの5で述べたとおり、一度された書面交付請求は、撤回されない限り、その後のすべての株主総会および種類株主総会について効力を有すると解される。したがって、株主総会に係る書面交付請求と種類株主総会に係る書面交付請求を別個に観念することはできない[2]。そのため、325条の7は、株主の書面交付請求について定める325条の5第1項および3項〜5項を、種類株主総会に準用される規定から除いているのである。この点は、株主の書面交付請求を定める325条の5第1項が、株主がその交付を請求する書面に記載すべき事項（電子提供措置事項）について、「第三百二十五条の三第一項各号 **（第三百二十五条の七において準用する場合を含む。）** に掲げる事項」と定めていること（下線太字は筆者）にも表われている。

　したがって、株主が書面交付請求をした場合は、株主総会に係る電子提供措置事項（325条の3第1項各号に掲げる事項。325条の5第1項）を記載した書面の交付を請求したことになるだけでなく、当該株主が種類株主として構成員となっている種類株主総会に係る電子提供措置事項（325条の7において準用する325条の3第1項各号に掲げる事項。325条の5第1項括弧書）を記載した書面の交付を請求したことにもなる。前述のとおり、書面交付請求を、株主総会に係るものと種類株主総会に係るものとに分けて観念することができないことからすれば、株主が書面交付請求をするにあたり、株主総会に係る電子提供措置事項についてのみ書面交付請求をすることや、逆に、種類株主総会に係る電子提供措置事項についてのみ書面交付請求をすることはできないと解される。

　そして、取締役は、種類株主総会を招集する場合には、325条において準用する299条1項の招集通知に際し、書面交付請求をした当該株主（ある種類の株式の株主）に対し、当該種類株主総会に係る電子提供措置事項を記載した書面を交付しなければならないこととなる（325条の7において準用する325条の5第2項）。

---

2)　竹林ほか・前掲注1）20頁。

第 2 部

株主総会資料の
電子提供制度の実務

I　株主総会資料の電子提供制度施行までの準備、検討事項

1　現行会社法等に基づく招集通知の電子提供の状況

　第1部Iの2(1)のとおり、現行の会社法のもとでも、招集通知を電子提供することができる制度は用意されている。

　また、会社法に基づく制度によらなくても、発行会社の任意の取組みも含めて、招集通知を電子提供することは可能である。

　以下では、株主総会資料の電子提供制度（以下「電子提供制度」という）との差異も確認しながら、現行会社法等に基づく招集通知の電子提供の実情を概観する。

(1)　電磁的方法による株主総会の招集通知

　現行会社法のもとで、発行会社は、株主の承諾を得て、電磁的方法により招集通知を発信することができる（299条3項）。電磁的方法としては電子メールが用いられるのが一般的である。電磁的方法による招集通知の発信は、一般的には狭義の招集通知を電子メールの本文または添付ファイル（PDFファイル）等として送信し、事業報告、計算書類等の添付書類および株主総会参考書類の電磁的記録（PDFファイル）をウェブサイトに掲載したうえで、当該ウェブサイトのアドレス（URL）を電子メールに記載する方法がとられている。

　この電磁的方法による招集通知と電子提供制度の主な相違点を比べてみると**図表2-I-1**のとおりである。

　電磁的方法による招集通知を採用するための手続は会社法上に明記されていないが、株主総会の招集に関する重要な事項として取締役会の決議に

【図表2-I-1】電磁的方法による招集通知の発信と電子提供制度の主な相違点

	電磁的方法による招集通知の発信（299条3項）	電子提供制度（325条の2）
採用手続	取締役会決議（招集の重要事項）	定款の定め
対象範囲	（招集通知、添付書類の）すべて	（株主総会資料の）すべて
株主の承諾	個別の承諾が必要	不要
書面交付請求権	株主総会参考書類、議決権行使書面は書面交付請求可能（301条2項、302条2項の各ただし書）	あり（325条の5）

よることが考えられる。招集に関する重要な事項に該当しないと判断すれば、稟議決裁など各社所定の方法で採用を決定することでもよいと考えられる。この点、電子提供制度が定款の定めを要するのに比べれば、簡便な採用手続になっているといえる。

　一方、電磁的方法による招集通知は、株主の個別の承諾がなければ、実施できない。いわゆるデジタル・デバイドの株主が存在することや電磁的方法の種類の多様性を勘案して、株主の個別の承諾が要件になっていると考えられる。また、実際のところ、電子メールで招集通知を発信するには、あらかじめ株主の電子メールアドレスを入手しなければならないが、株主の承諾なしに電子メールアドレスを入手するのも困難である。

　次に、電磁的方法による招集通知がどの程度利用されているかみると、**図表2-I-2**のとおりである。2019年時点で3.7％と利用状況は芳しくなく、足踏み状態が続いている[1]。利用が進まない理由は、株主の個別の承諾を得なければならないからと考えられる。発行会社が電磁的方法による招集通知を採用したとしても、承諾が得られる株主の数が少ないため、コスト削減効果は限定的となり、むしろ、紙と電子メールの両方を用いることで手間やコストが高くつく可能性もある。電子提供制度は、電磁的方法による招集通知が現実に利用されていないことから、株主の個別の承諾を

---

1)　2020年は、新型コロナウイルス感染症の感染拡大が、株主総会のあらゆる面に影響を及ぼすこととなった。このため、以下において株主総会の傾向について触れる場合は、基本的に2019年以前のデータを取り上げることとする。

【図表2-Ⅰ-2】電磁的方法による招集通知の採用状況

（出典）　商事法務研究会編集の各年の株主総会白書

得なくても利用できる新たな制度として検討されたという経緯もある。

　なお、電子提供制度が施行されても、現行の電磁的方法による招集通知の制度は廃止されることはない。電子提供制度と共存することで、招集手続の電子化が浸透し、電磁的方法による招集通知の発信を承諾する株主が増加する可能性もあると思われる。

(2)　ウェブ開示（インターネット開示）

　現行会社法のもとで、発行会社は、定款の定めにより、株主総会参考書類、事業報告、計算書類の一部および連結計算書類について、インターネット上のウェブサイトに掲載する措置をとるとともに、株主に対してそのアドレス（URL）を通知することによって、株主に提供したものとみなすことができる（会社法施行規則94条1項、133条3項、会社計算規則133条4項、134条4項）。

　具体的には、ウェブ開示する対象書類の電磁的記録（PDFファイル）をウェブサイトに掲載したうえで、当該ウェブサイトのアドレスを招集通知に記載して株主に通知している。ウェブサイト上には、ウェブ開示対象書

【図表2-I-3】ウェブ開示と電子提供制度の主な相違点

	ウェブ開示	電子提供制度（325条の2）
採用手続	定款の定め	定款の定め
対象範囲	株主総会参考書類、事業報告、計算書類の一部および連結計算書類※	（株主総会資料の）すべて
株主の承諾	不要	不要
書面交付請求権	なし	あり（325条の5）

※ コロナ禍で実施された時限措置は考慮しない

類だけでなく、株主に送付する招集通知の電磁的記録（PDFファイル）も任意に掲載することが多い（(4)参照）。

　このウェブ開示と電子提供制度の主な相違点を比べてみると**図表2-I-3**のとおりである。

　ウェブ開示の採用手続は、定款の定めによることとされており、また、株主の個別の承諾は不要である。これらの点は電子提供制度と同様である。

　一方、ウェブ開示の対象範囲は、株主総会参考書類、事業報告、計算書類の一部および連結計算書類に限られていて、株主総会資料のすべてが対象となる電子提供制度と異なる。また、ウェブ開示の場合、ウェブ開示がなされた書類について、株主は書面交付請求権を有していない点も電子提供制度とは異なっている。

　ウェブ開示の利用状況は、**図表2-I-4**のとおりである。2019年には、ウェブ開示のための定款変更を済ませている会社は全体の95.4％まで増加し、ウェブ開示を実施している会社は全体の76.4％となっている（株主総会白書2019年版65頁）。

　また、ウェブ開示を実施した書類をみると、**図表2-I-5**のとおりである。従来からよく利用されている注記表（個別・連結）に加えて、事業報告や株主資本等変動計算書（個別・連結）で前年比の増加率が相対的に高く、ウェブサイト経由で株主総会情報を提供する分量が増加していることが理解できる。

【図表 2 - I - 4】ウェブ開示の利用状況（グラフ）株主総会白書

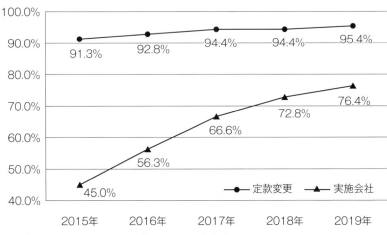

（出典）　商事法務研究会編集の各年の株主総会白書

【図表 2 - I - 5】ウェブ開示の対象書類

	2015 年	2016 年	2017 年	2018 年	2019 年
株主総会参考書類	6.6%	8.6%	7.2%	7.6%	7.3%
事業報告	19.3%	24.8%	30.2%	34.9%	39.1%
株主資本等変動計算書	16.9%	28.6%	36.2%	41.4%	47.4%
個別注記表	97.0%	97.2%	97.7%	97.5%	98.0%
連結株主資本等変動計算書	17.3%	28.2%	35.0%	40.9%	46.1%
連結注記表	94.1%	94.7%	93.9%	94.0%	94.4%
その他連結計算書類	5.2%	8.4%	6.7%	7.7%	8.5%

（出典）　商事法務研究会編集の各年の株主総会白書

(3)　上場規則に基づく招集通知の電磁的記録の公衆縦覧

　上場会社は、発送日までに招集通知の電磁的記録を証券取引所に提出しなければならず、当該招集通知の電磁的記録は証券取引所が公衆縦覧に供することとされている（東京証券取引所有価証券上場規程施行規則 420 条）。

　つまり、上場会社の招集通知の電磁的記録（PDF ファイル）は証券取引

【図表 2 - Ⅰ - 6】自社ウェブサイト等での招集通知等の掲載

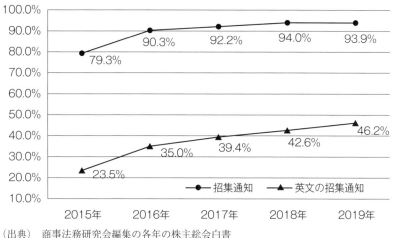

（出典）　商事法務研究会編集の各年の株主総会白書

所のウェブサイト上で公衆縦覧に供されているので、投資家はだれでも上
場会社の招集通知を株主総会の前に閲覧することができる。このため、株
主総会資料の電子提供は全上場会社がすでに実施済ということも可能であ
る。

　さらに、証券取引所で公衆縦覧に供された招集通知の情報は、各種情報
ベンダーの提供するウェブサイトに連携され、広く閲覧されている。

⑷　自社ウェブサイト等への招集通知の電磁的記録の掲載

　発行会社は、自社ウェブサイト等に任意に招集通知の電磁的記録（PDF
ファイル）を掲載して、株主・投資家に情報提供することもできる。上場
会社であれば、ほぼ例外なく自社のウェブサイトを開設していると思わ
れ、当該ウェブサイトに IR・SR 活動の一環で株主総会情報を掲載するこ
とが少なくない。

　自社ウェブサイトへの招集通知の掲載状況をみると、**図表 2 - Ⅰ - 6** のと
おりである。証券取引所に提出する招集通知の電磁的記録は作成済であ
り、これをウェブサイトに掲載する手間は大きくないので、9 割を超える
上場会社が自社ウェブサイトに招集通知の電磁的記録を掲載している。(2)

のウェブ開示を採用する会社が増加していることもあり、ウェブ開示対象
書類とあわせて株主に送付する招集通知の電磁的記録も自社ウェブサイト
に掲載する会社が増えていると考えることもできる。また、英文招集通知
の電磁的記録についても自社ウェブサイトに掲載する会社が2019年時点
で5割弱まで増加している。

2　電子提供制度への円滑な移行等のための準備、検討事項

　電子提供制度の適用開始はまだ先ではあるものの、今から準備を開始す
ることは可能であり、また、有意義と思われる。
　検討に際してのポイントは、①電子提供制度に円滑に移行するための準
備、②電子提供制度によって株主総会の運営等に影響が生じる事項への対
応に分けて考えることができる。

(1)　電子提供制度に円滑に移行するための準備
①　招集通知開示時期の早期化
　電子提供制度は上場会社に対して義務付けられることから、制度が適用
されると、上場会社は、株主総会の招集に際して株主総会資料をウェブサ
イトに掲載しなくてはならなくなる。この点については、1(4)のとおり、
現在でも招集通知の電磁的記録を作成して証券取引所に提出し、また、自
社ウェブサイト等にも招集通知を掲載しているので、各社とも株主総会資
料の電子提供措置自体は事実上実施済であり、新たな負担が生じるもので
もない。
　ただし、電子提供制度のもとでは、株主総会資料の電子提供措置開始日
は株主総会の日の3週間前までとされているので、電子提供するタイミン
グについて対応を要する上場会社はあるものと考えられる。この点につい
て図表2-Ⅰ-7をみると、2019年時点で約4分の3の上場会社が株主総
会の日の3週間前までに招集通知をウェブサイトに掲載している。した
がって、残る約4分の1の上場会社は、株主総会資料を株主総会の日の3
週間前までに開示できるよう早期提供の準備をする必要があることにな
る。

【図表2-Ⅰ-7】招集通知の開示時期

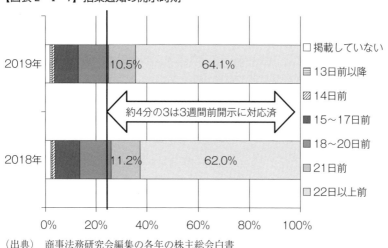

（出典）　商事法務研究会編集の各年の株主総会白書

　また、電子提供制度では、株主総会の日の3週間前までに電子提供措置をとることでよいが、機関投資家等からのさらなる早期開示の要請もなされている。このため、「会社法制（企業統治等関係）の見直しに関する要綱」の附帯決議1項で、「金融商品取引所の規則において、上場会社は、株主による議案の十分な検討期間を確保するために電子提供措置を株主総会の日の3週間前よりも早期に開始するよう努める旨の規律を設ける必要がある。」とされていた。

　当該附帯決議を受け、東京証券取引所は、2021年3月1日付で「上場会社は、招集通知、株主総会参考書類、計算書類、連結計算書類及び事業報告等を、株主総会の日の3週間前よりも早期に、電磁的方法により提供するよう努める」旨の努力義務を定めている（有価証券上場規程施行規則437条⑶）。電子提供制度の適用開始を待たずに前倒しで当該努力義務が定められている点には留意が必要である。また、当該努力義務が設けられた経緯からすると、すでに株主総会の日の3週間前までに招集通知の開示を行っている上場会社であっても、株主による議案の十分な検討期間を確保する観点から、より早期に招集通知を開示することができないか検討することが望まれる。

②　ウェブサイト上での情報提供の拡充とウェブサイトへのアクセスを しやすくする工夫

　電子提供制度が適用されると、株主総会資料は、書面での提供から原則として電子提供に切り替わる。電子提供制度への円滑な移行を念頭に置くと、移行前から可能な範囲で電子提供に取り組み、株主にもウェブサイトに掲載された情報を閲覧してもらえるよう工夫することが望ましいといえる。なお、株主に送付する招集通知と同じものを単にウェブサイト上に掲載しただけでは、株主にウェブサイトを閲覧するインセンティブが生じない（ウェブサイトを見なくても書面の招集通知を見れば足りる）ため、ウェブサイトに掲載する情報は書面に含まれていないプラスアルファの情報を前提とするのが望ましい。

(i)　ウェブ開示の活用や任意の情報提供の工夫

　書面での情報提供を減らし、電子提供の比重を高めるという意味では、ウェブ開示をいっそう活用していくことが考えられる。ウェブ開示を採用していない上場会社では、ウェブ開示を新たに採用することが考えられ、既に採用している上場会社でも、ウェブ開示の対象書類の範囲を拡大していくことが考えられる。ただし、ウェブ開示対象書類は、株主総会の議事進行で言及されることが少ない事項が中心であるため、株主にとってはウェブ開示された情報を閲覧するインセンティブはあまりないかもしれない。

　そこで、ウェブ開示の活用とあわせて任意の情報をウェブサイト上に掲載することが考えられる。電子提供制度導入の狙いとして、紙幅の制約なく、充実した内容の株主総会資料が提供できることがあげられるが、これを先取りすることは可能である。また、ウェブサイト上であれば多様な媒体を用いることができるため、動画等による情報提供も可能である。

　2020年のコロナ禍の株主総会では、総会当日の来場を抑制するために招集通知で来場自粛をお願いするとともに議決権の事前行使を要請するのが一般的な対応となったが、一方で、当日の来場の代替策として、後述するバーチャル株主総会の活用のほか、当日議場で上映する予定であった動画やビジュアル資料を事前にウェブサイトに掲載する会社、議長による報

告事項および決議事項の内容説明の動画を収録してウェブサイトに掲載する会社など、招集通知＋αの情報をウェブサイト経由で提供する動きが見られた。2021年の株主総会においてもこうした工夫は広がりを見せている。

(ⅱ)　ウェブサイト上の情報にアクセスしやすくする工夫

　株主がウェブサイト上に掲載された情報を閲覧するためには、ウェブサイトにアクセスすることが必要である。手元に届く書面を見るのと比べれば、ひと手間多くなることは否めない。したがって、ウェブサイト上に掲載された情報にストレスなく簡便にアクセスできるような工夫も必要となる。

　また、株主がウェブサイト上の情報を閲覧する端末としては、スマートフォンを想定することが考えられる。総務省の「令和元年通信利用動向調査」によると、スマートフォンを保有する世帯の割合が83.4％（パソコンは69.1％）、個人での保有状況も67.6％に増加している（http://www.soumu.go.jp/johotsusintokei/statistics/data/200529_1.pdf）。スマートフォンでのアクセスという前提での具体的な工夫として、情報が掲載されたウェブサイトに関する二次元バーコードを書面の招集通知に掲載しておくことが考えられる。株主は二次元バーコードをスマートフォンで読み取ることで、ウェブサイトに掲載された情報に簡便にアクセスできることとなる。

③　スマートフォンで見やすい招集通知の採用

　スマートフォンで招集通知の電磁的記録（PDFファイル）を閲覧すると、画面サイズに収まりきらず、一覧性に欠けて見にくくなることが考えられる。そこで、招集通知の内容をコンパクトに抜粋、ビジュアル化して、招集通知の要点をスマートフォンで見やすく工夫した招集通知を追加で作成し、ウェブサイト上で提供することが考えられる。既にこうしたサービスを提供する会社も複数存在しており、実施会社は年々増加しているようである。電子提供制度の適用に先駆けて、スマートフォンで見やすい招集通知を作成し、あわせて二次元バーコードを書面の招集通知に掲載してアクセスしやすくすることが考えられる。

④　自社ウェブサイトで開示する株主総会、株式関係情報の充実

　招集通知以外の情報であっても、自社ウェブサイトで開示する各種情報を充実させることによって、株主が自社ウェブサイトにアクセスする機会を増やすことが期待できる。このため、自社ウェブサイトに招集通知以外の株主総会関連の情報を掲載することが考えられる。例えば、決議通知や事業報告書等の株主宛通知物、総会当日の模様の動画（オンデマンド配信）、総会当日に用いた報告事項の報告等のビジュアル資料や動画、質疑応答の概要に関する記録等を総会終了後に掲載することが考えられる。こうした動きは2020年のコロナ禍の株主総会で総会当日の来場自粛をお願いすることと引換えに、当日来場いただけない株主への情報提供を促進する趣旨で広がりを見せた。今後の株主総会においても、取組みが進むものと期待される。

　また、株主総会関連の情報以外では、中間事業報告書などの株式関係情報、株主優待に関する情報等を掲載することが考えられる。株主優待については、選択式の場合等にウェブサイト上から申し込みができるようにする上場会社もある。

⑤　電子提供制度についての案内や書面交付請求に関するアンケートの実施

　電子提供制度の下で、株主総会資料は原則として電子提供されることになるが、書面の交付を希望する株主は、書面交付請求権を行使することができる。上場会社としては、電子提供制度の概要や書面交付請求権が行使できる旨を株主に対してあらかじめ案内することが考えられる。ただし、電子提供制度の施行時期は、「改正会社法の公布の日から3年6月以内（2023年6月11日まで）の政令で定める日」であり、関係機関のシステム対応等を勘案すると、早くても2022年秋以後の施行が想定されるため、今すぐに案内を開始するまでの必要はないかもしれない（改正会社法に関する法務省のパンフレットでは、電子提供制度の施行時期は「令和4年施行予定」とされている）。株主への案内は、株主あて通知物への記載やチラシの同封といった方法が考えられるが、株主に案内すると書面交付請求の手続等について株主からの照会が増え、その対応も必要となるので、電子提供

【図表2-Ⅰ-8】ウェブサイトを通じて招集通知＋αの情報提供を実施する例 （各社の招集通知から該当部分を抜粋）

〈小松製作所〉

（ご参考：関連サイトのご紹介）

これまでにない現場を、これからも現場とともに。

SMARTCONSTRUCTION

スマートコンストラクションについては、こちら（特集サイト）
⇒ http://smartconstruction.komatsu/

〈キトー〉

2020年3月期の決算結果を動画でご覧いただけます。
（2020年5月22日配信）

〈デクセリアルズ〉

・議決権行使に際しましては、株主の皆様に当社をより深くご理解いただけますよう、以下のコンテンツを用意いたしましたので、是非ご参照ください。
　①本招集ご通知掲載の「ご参考」情報（53ページ～60ページ）
　②当社ウェブサイト「株主総会」ページ掲載情報
　　「事業報告（動画）」、「よくあるご質問」など、株主総会開催に先駆けて掲載いたします。
　▶当社ウェブサイト「株主総会」ページ　https://www.dexerials.jp/ir/stock/meeting.html
　③本株主総会の模様につきましては、株主総会当日午前11時より、インターネットでライブ中継いたします。

〈本多通信工業〉

株主様へ　今年は事前の議決権行使をお願いします

　例年並みの時期に株主総会を開催でき、全てのステークホルダーの皆様に感謝申し上げます。
　さて、ご承知の通り、現在は新型肺炎の感染拡大を防止する重要な局面にありますので、今年の株主総会は特別な運営内容で開催いたします。株主様には事前の議決権行使にご理解とご協力を賜りたくお願い申し上げます。
　議決権の事前行使の参考として頂くために、私自身が総会と同内容で事業報告・議案を説明した動画を公開していますので、是非ご覧ください。また、新型肺炎が収束した折に、東名阪にて株主様向け説明会を開催する予定ですので、その節に対話をさせて頂ければ幸甚です。
　末筆ではございますが、時節柄、くれぐれもご自愛をお願い申し上げます。

代表取締役社長　佐谷　紳一郎

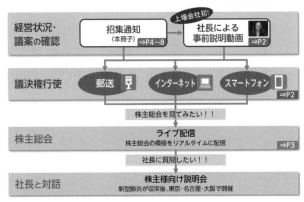

【図表2-Ⅰ-9】パナソニックのアンケート事例

> **Q9. 株主総会招集通知を現行の冊子に代わり当社ホームページでの
> 開示・提供のみとした場合：**
> □パソコン等で見るので、冊子は不要
> □パソコン等で見るが、冊子も欲しい
> □パソコン等では見ない（見られない）ので、冊子が欲しい

（出典）　新時代の株主総会プロセスの在り方研究会第4回（2019年12月19日）事務
　　　　局資料。パナソニック株式会社が無作為抽出した株主約2万人を対象とした株主
　　　　アンケート調査からの抜粋。

制度の実務対応が概ね固まったタイミングでの案内が望ましいと思われる。

　また、書面交付請求権を行使する株主がどの程度あるのかは、ふたを開けてみないとわからない面がある。書面準備の関係で、あらかじめ概数をつかみたいというニーズがある場合は、書面交付請求に関するアンケートを実施することも考えられる。

(2)　電子提供制度によって株主総会の運営等に影響が生じる事項への対応

　電子提供制度が適用されると、株主は原則としてウェブサイトに掲載された株主総会資料を閲覧することになる。ウェブサイトに掲載された株主総会資料を閲覧した株主が事前の議決権行使を行う場合、電子投票採用会社であれば電子投票用のプラットフォームに遷移して議決権行使ができると便利である。また、遠方に居住しているなど総会当日に会場を訪れることが難しい株主は、バーチャル株主総会への参加（出席）を期待するであろう。このように、株主総会の招集手続が電子化されることによって、「議決権行使」「総会運営（当日）」にも電子化の動きが波及するのは自然な流れと考えられる。

①　電子投票の採用と二次元バーコードの活用

電子投票の採用状況について**図表2-Ⅰ-11**をみると、制度採用会社は

【図表2-Ⅰ-10】電子提供制度移行に伴う株主総会電子化の波及効果

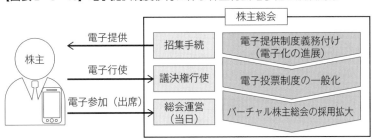

【図表2-Ⅰ-11】電子投票の採用状況

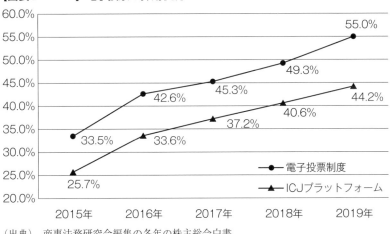

（出典）　商事法務研究会編集の各年の株主総会白書

年々増加し、2019年に初めて過半数となった。電子投票採用会社が増加する背景には、機関投資家の所有比率上昇とCGコードの適用開始がある。CGコードの補充原則1-2④は、「自社の株主における機関投資家や海外投資家の比率等も踏まえ、議決権の電子行使を可能とするための環境作り（議決権電子行使プラットフォームの利用等）や招集通知の英訳を進めるべきである」とする。議決権電子行使プラットフォームは株式会社ICJが運営するプラットフォーム（以下「ICJプラットフォーム」という）であり、名義株主の背後にいる実質株主（機関投資家）が直接議決権行使の指図ができる仕組みである。**図表2-Ⅰ-11**で、2016年にICJプラット

フォームの採用会社が大きく増加しているのは、2015 年に CG コードの適用が開始されたことによるものとみられる。また、ICJ プラットフォームを採用する前提として、電子投票制度（名義株主が電子投票するプラットフォーム）の採用が必要となるため、同様に、2016 年には電子投票制度の採用会社も大きく増加している。その後の動きをみると、電子投票制度採用会社と ICJ プラットフォーム採用会社の比率の差異は、2016 年から 2018 年まで概ね 9 ポイント弱であったが 2019 年は 11 ポイント弱に拡大しており、電子投票制度のみを採用する上場会社が増えているように思われる。

　また、電子投票制度採用会社について、二次元バーコードを用いることにより、株主が ID・パスワードを入力する手間をなくす取組みが活用されつつある。具体的には、株主ごとに異なるユニークな二次元バーコードが印字された議決権行使書面を株主あてに送付し、株主がスマートフォン等で当該二次元バーコードを読み取ると、ID・パスワードを入力することなく電子投票プラットフォームにログインすることができる。三菱 UFJ 信託銀行のご委託会社について、2019 年 3 月以後、電子投票制度を採用している場合は原則としてこの仕組みを採用することとしたところ、2019 年 6 月総会での個人株主の電子投票比率は、前年比 4.4 ポイント増の 11.2％となった。2020 年 6 月総会では、コロナ禍で当日の来場自粛と事前の議決権行使を要請する会社が多かったこともあり、個人株主の電子投票比率は 19.2％と前年比で 8.0 ポイントの増加となった。

　近年の個人株主の議決権行使比率は全体の 3 割強にとどまるが、賛否の内訳をみると賛成票が 9 割を超えている（**図表 2 - I - 12** 参照）。この点に着目すると、個人株主の議決権行使比率をさらに向上させることができれば、全体の賛成率向上にもつながることになる。個人株主を意識して電子投票制度を採用する場合には、二次元バーコードを用いた前述の仕組みもあわせて採用するのが望ましいと思われる。

②　会場での招集通知等の備置

　現在の実務では、株主総会当日に招集通知を持参しなかった株主のために、予備の招集通知を受付近辺に備置することが多い。また、ウェブ開示

【図表2-Ⅰ-12】全議案に賛成した個人株主の比率の推移

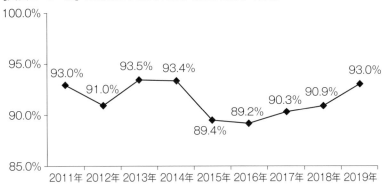

【図表2-Ⅰ-13】招集通知を会場で配布しない旨を記載する例（エイベックス
の招集通知から該当部分を抜粋）

◎本招集ご通知は、株主総会当日に会場で配布いたしませんので、株主総会にご出席いただく際は、同封の議決権行使書用紙と併せてご持参くださいますようお願いいたします。

を実施している場合に、ウェブ開示対象書類をプリントアウトして、受付近辺に備置したり、手交したりすることもある。

　電子提供制度のもとでは、株主総会に書面の株主総会資料を持参する株主は少ないと考えられる。このため、総会運営のビジュアル化で株主の手元の書類を参照しないかたちの議事進行が多くなると思われる。そのような総会運営を前提にすると、電子提供制度の適用開始をまたずに徐々に総会場に備置する招集通知等を減少させたり、廃止したりすることが考えられる。総会場での招集通知等の備置を廃止する場合には、招集通知でその旨をご案内しておくことも考えられる（**図表2-Ⅰ-13**参照）。

③　総会当日のビジュアル化の活用

　前述のとおり、電子提供制度のもとでは、株主総会に書面の株主総会資料を持参する株主は少ないと考えられる。来場株主全員に書面の株主総会資料を用意しておくことも考えられるが、電子化には逆行するようにも思える。株主の手元に株主総会資料がないのであれば、現在の議事進行シナリオによくある「お手元の招集ご通知○頁に記載の…」といった言い回し

【図表 2 - I - 14】ビジュアル化を実施していない会社

（出典）　商事法務研究会編集の各年の株主総会白書

は使えないことになる。

　一方で、株主総会のビジュアル化を実施する上場会社は約 9 割に達している（**図表 2 - I - 14** 参照）。ビジュアル化する対象も、議事進行でとりあげる事業報告や連結計算書類が中心であるが、議案（株主総会参考書類）も徐々に増加傾向（メリハリをつける意味で計算書類のビジュアル化は簡略化、省略化する方向）にあると思われる（**図表 2 - I - 15** 参照）。こうした現状を勘案すると、電子提供制度適用後の株主総会においては、株主の手元に書面の株主総会資料がなくても、さらなるビジュアル化を活用することで、株主にとってわかりやすい株主総会の運営を目指すことが考えられる。

　したがって、電子提供制度の適用前から先取りして、さらなるビジュアル化の活用と議事進行シナリオの見直しを進めておくことが考えられる。

④　バーチャル株主総会への取組み

　2020 年 2 月に経済産業省の「新時代の株主総会プロセスの在り方研究会」が「ハイブリッド型バーチャル株主総会の実施ガイド」（以下「実施ガ

【図表2-Ⅰ-15】映像等での報告内容

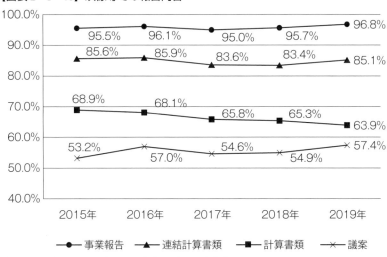

（出典）　商事法務研究会編集の各年の株主総会白書

【図表2-Ⅰ-16】ハイブリッド型バーチャル株主総会の位置づけ

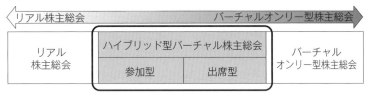

（出典）　実施ガイド5頁

イド」という）をとりまとめ公表している。ハイブリッド型バーチャル株主総会の位置づけは**図表2-Ⅰ-16**のとおりである（なお、バーチャル株主総会のうち、リアル株主総会を開催せず、取締役や監査役等と株主がすべてインターネット等の手段を用いて株主総会に出席するタイプのバーチャルオンリー型株主総会については、改正産業競争力強化法の施行に伴い、経産大臣・法務大臣の確認を得れば実施可能となっているが、当面は多くの上場会社が実施することは想定しにくいことから、以下では言及しない）。

　また、ハイブリッド型バーチャル株主総会は、ハイブリッド参加型バーチャル株主総会（以下「参加型」という）とハイブリッド出席型バーチャ

【図表2‐Ⅰ‐17】参加型と出席型のイメージ

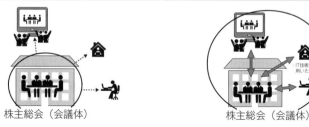

（出典）　実施ガイド6頁

ル株主総会（以下「出席型」という）に分けることができる。参加型は、リアル株主総会の場所に在所しない株主が、株主総会への法律上の「出席」を伴わずに、インターネット等の手段を用いて審議等を確認・傍聴することができる株主総会をいい、出席型は、リアル株主総会の場所に在所しない株主が、インターネット等の手段を用いて株主総会に会社法上の「出席」をすることができる株主総会をいう（実施ガイド2〜3頁）。具体的な差異は、参加型でバーチャル参加した株主は原則として質問や議決権行使ができないのに対して、出席型でバーチャル出席した株主は質問や議決権行使ができる点に現れる。

　なお、実施ガイドは、会社の株主総会の在り方として、必ずしもハイブリッド型バーチャル株主総会が望ましいという方向性を提示するものではなく、あくまでも、会社が自社の株主総会の在り方を検討するときの追加的な選択肢を提供することを目的としている（実施ガイド4頁）。

　電子提供制度の導入とハイブリッド型バーチャル株主総会の利用には直接の関係はないものの、招集手続の電子化と議決権行使の電子化が進展することによって、株主総会運営の電子化にも検討が及ぶのは自然な流れと思われる。株主との対話をより建設的なものとする観点で株主総会運営の電子化を検討する場合には、ハイブリッド型バーチャル株主総会の検討を避けて通ることはできないであろう。

　実施ガイドによると、ハイブリッド型バーチャル株主総会のメリットは、**図表2‐Ⅰ‐18**のとおりである。参加型、出席型共通のメリットとし

【図表2-I-18】　ハイブリッド型バーチャル株主総会のメリット

ハイブリッド参加型バーチャル株主総会	ハイブリッド出席型バーチャル株主総会
・遠方株主の株主総会参加・傍聴機会の拡大。 ・複数の株主総会を傍聴することが容易になる。 ・参加方法の多様化による株主重視姿勢をアピール。 ・株主総会の透明性の向上。 ・情報開示の充実。	・遠方株主の出席機会の拡大。 ・複数の株主総会に出席することが容易になる。 ・出席方法の多様化による株主重視の姿勢をアピール。 ・株主総会の透明性の向上。 ・情報開示の充実。 ・株主総会での質疑応答を踏まえた議決権の行使が可能となる。 ・質問の形態が広がることにより、株主総会における議論（対話）が深まる。 ・個人株主の議決権行使の活性化につながる可能性。

(出典)　実施ガイドをもとに三菱UFJ信託銀行作成

　て、より多くの株主に参加・出席の機会を拡大できることに加え、出席型では対話の充実や議決権行使比率の向上があげられている。特に、わが国が直面する高齢化や近年の自然災害の頻発等を考えると、わざわざ総会場まで足を運ぶことなく、自宅にいながら株主総会に参加・出席できるという選択肢が株主に与えられることの意義は決して小さくない。

　次に、実施ガイドによると、ハイブリッド型バーチャル株主総会の留意事項は、**図表2-I-19**のとおりである。参加型、出席型共通の留意事項として、会社としてのシステム環境の整備に加え、出席型では決議取消リスク、会社による議事の恣意的な運用の可能性、株主による濫用的な質問の可能性等があげられている。

　出席型の実施を検討するにあたっては、会社側に通信障害が発生し、バーチャル出席株主が審議または決議に参加できないこととなった場合に、これが株主総会の決議の取消事由に該当するおそれがあるのかどうかが重要なポイントとなる。実施ガイドの「具体的取扱い」[2]では、通信障

---

2)　実施ガイドは、これまでとは異なる新しい解釈が妥当と考えられる場合については積極的に取り入れ、その上で望ましいと思われる対応を「具体的取扱い」として提示する。

【図表2-Ⅰ-19】 ハイブリッド型バーチャル株主総会の留意事項

ハイブリッド参加型バーチャル株主総会	ハイブリッド出席型バーチャル株主総会
・円滑なインターネット等の手段による参加に向けた環境整備が必要。 ・株主がインターネット等を活用可能であることが前提。 ・肖像権等への配慮。 （ただし、株主に限定して配信した場合には、肖像権等の問題が生じにくく、より臨場感の増した配信が可能。）	・円滑なバーチャル出席に向けた関係者等との調整やシステム活用等の環境整備。 ・株主がインターネット等を活用可能であることが前提。 ・質問の選別による議事の恣意的な運用につながる可能性。 ・どのような場合に決議取消事由にあたるかについての経験則の不足。 ・濫用的な質問が増加する可能性。 ・事前の議決権行使に係る株主のインセンティブが低下し当日の議決権行使がなされない可能性。

(出典)　実施ガイドをもとに三菱 UFJ 信託銀行作成

害の問題に対応するため、「サイバーセキュリティ対策」「通信障害が起こりうることの告知」「必要となる環境・アクセスするための手順についての通知」をとる必要があるとする。また、「法的考え方」では、会社側の通信障害によってバーチャル出席株主が審議または決議に参加できないこととなった場合は、「決議取消事由に当たるとして、決議取消の請求がなされる可能性も否定できない」としつつ、「会社が通信障害のリスクを事前に株主に告知しており、かつ、通信障害の防止のために合理的な対策をとっていた場合には、会社側の通信障害により株主が審議又は決議に参加できなかったとしても、決議取消事由には当たらないと解することも可能である」とする。さらに、「上記のように解しなければ、会社が株主の出席機会を拡大するためにバーチャル出席を認めると、かえって決議の取消しリスクが増大することになり、会社が株主の出席機会を拡大する動機がなくなってしまうという点も考慮すべきである」ともしている。「具体的取扱い」で示された対応をとることで、万一、通信障害が発生した場合であっても、決議取消事由に該当しないという、セーフ・ハーバー・ルールとして機能することを期待したい。

　一方、参加型を採用する場合であっても、バーチャル参加株主と会社が

双方向のコミュニケーションをとることは可能である。参加型を採用しつ
つ、バーチャル参加株主がリアルタイムで会社に対しコメントを送ること
ができる仕組みを導入し、リアル出席株主との質疑終了後に、議長が当該
コメントを紹介し、会社側からもコメントを返すといった取組みがすでに
行われている。出席型を採用した場合の通信障害等による決議取消リスク
が心配であれば、このように参加型をベースにしつつ、出席型の特徴を一
部取り入れる方向での工夫も考えられる。

　出席型を採用する場合には、実施ガイドでも言及されているとおり、株
主の本人確認、株主総会の出席と事前の議決権行使の効力の関係、バー
チャル出席株主の質問・動議の取扱い、議決権行使の在り方の実務的論点
について、検討しておくことが必要となる。また、バーチャル出席株主の
質問・動議や議決権行使の在り方を検討する中で、リアル株主総会の実務
の在り方を見直す余地もあるように思われる。例えば、リアル株主総会の
質問の受付け方を、挙手により議長が指名するのではなく、所定の用紙に
質問を記入して質問受付 BOX に投函し、事務局で質問内容が株主総会の
目的事項に関するものであることを確認、それらを優先して議長が発言株
主を指名する方法とすることや、バーチャル出席株主の議決権行使につい
てその賛否をシステム的に集計するのであれば、リアル出席株主の議決権
行使についても賛否集計を検討することなどが考えられる。バーチャル株
主総会を実施する場合、議場に出席する株主数よりもバーチャルで出席
（または参加）する株主数が多くなることが考えられることから、当日の議
長シナリオもバーチャルで出席（または参加）する株主からの見え方に配
慮して再構成してみることも考えられる。

II　電子提供制度施行に伴う対応、検討事項

1　電子提供制度の採用手続

　会社が電子提供制度を採用するためには、定款の定めを要する。ただし、振替株式を発行する会社（上場会社）については電子提供制度の採用が義務付けられることから、定款変更決議をする負担を軽減するために、施行日における上場会社は施行日を効力発生日とする電子提供措置をとる旨の定款変更決議をしたものとみなす措置（みなし定款変更）が用意されている（整備法 10 条 2 項。みなし定款変更に伴う実務対応は 2 以下を参照）。

　施行日における上場会社以外の会社であって、電子提供制度を採用しようとする会社（みなし定款変更が適用にならない会社）は、株主総会で電子提供措置をとる旨の定款変更決議を行うことを要する。非上場会社における電子提供制度の採用手続については V- 1 を参照されたい。

2　みなし定款変更と備置定款への対応

　1 で述べたとおり、電子提供制度の施行日において振替株式を発行している会社（上場会社）は、施行日を効力発生日とする電子提供措置をとる

【図表 2 - II - 1】電子提供制度採用に係る定款規定例

（株主総会参考書類等の電子提供） 第○条　当会社は、株主総会の招集に際し、株主総会参考書類等の内容である情報について、電子提供措置をとるものとする。

（出典）　三菱 UFJ 信託銀行作成

【図表 2 -Ⅱ- 2】みなし定款変更がなされている旨の説明文例

> 株主総会資料の電子提供制度施行に伴い
> 当社定款に定められたものとみなされる事項について
>
> 〇〇〇〇株式会社
>
> 「会社法の一部を改正する法律」（令和元年法律第 70 号）附則第 1 条ただし書きに規定する規定が 202X 年 X 月 X 日に施行されたことに伴い、「会社法の一部を改正する法律の施行に伴う関係法律の整備等に関する法律」（令和元年法律第 71 号）第 10 条 2 項の定めに基づき 202X 年 X 月 X 日をもって、当社定款に、株主総会参考書類等の内容である情報について電子提供措置をとる旨の定めを設けたものとみなされております。
>
> 以上

旨の定款変更決議をしたものとみなされる（整備法 10 条 2 項）。

　みなし定款変更がなされた場合、本店で備え置いている定款（以下「備置定款」という）の取扱いをどうするか、検討が必要である。実質的意義の定款は法律によって当然に変更されているため、代表取締役等の権限で、備置定款という形式的意義の定款を書き換えて差し支えないが、過去の法改正でのみなし定款変更に際しては、株主総会決議によって備置定款を変更する取扱いが一般になされてきた。電子提供制度に関するみなし定款変更について、これまでと同様の実務対応を行う場合には、施行日から株主総会日までの間の備置定款対応として、みなし定款変更がなされている旨の説明文を備置定款と一緒に備え置く対応を行うことになると考えられる（**図表 2 -Ⅱ- 2** 参照）。なお、当該説明文を備え置く必要があるのは、施行日前に開催される株主総会で電子提供制度に係る定款変更を行っていない会社ということになる（施行日前に電子提供制度に係る定款変更を行った会社については、施行日をもって定款変更の効力が生じるため、施行日に備置定款そのものを差し替えることになる）。

3　電子提供制度の適用開始時期と実務対応

　みなし定款変更が適用になる会社（施行日前に電子提供制度に係る定款変更を行った会社も含む。この点につき、**コラム 1 -Ⅲ- 1** 参照）について、施行

【図表2-Ⅱ-3】みなし定款変更がなされた会社に対する電子提供制度の適用開始時期

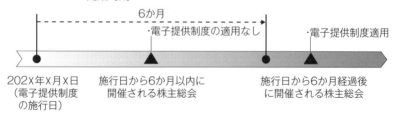

日から6か月以内の日に開催する株主総会を招集する場合、当該株主総会には電子提供制度の適用はない（整備法10条3項）。仮に2022年9月1日に電子提供制度が施行されるとすれば、2023年3月1日以後に開催される株主総会から電子提供制度が適用されることになる。このように施行日から6か月間の猶予期間を用意したのは、株主に書面交付請求（325条の5第1項）をするための時間を与える趣旨である（以下に述べる点については、第1部Ⅲの5も参照されたい）。

　ところで、電子提供制度に関連する定款の規定としては、みなし定款変更が用意されている「電子提供措置をとる旨」のほかに、電子提供措置事項のうち法務省令に定めるものの全部または一部については、書面交付請求した株主に交付する書面に記載することを要しない旨の定款の定め（325条の5第3項。以下「交付書面の範囲限定規定」という）がある。この交付書面の範囲限定規定にはみなし定款変更が用意されていないので、定款で定める場合には株主総会決議が必要となる。

　では、当該定款変更をいつ行うのが望ましいかというと、実際に電子提供制度が適用になる株主総会では当該定款の定めがあるほうがよいので、電子提供制度が適用になる株主総会の直前の株主総会で定款変更するのがよいと考えられる。そうすると、電子提供制度の施行後、最初に開催される株主総会が施行日から6か月以内に開催されるか否かで定款変更決議を行うタイミングが分かれることになりそうである。つまり、施行後最初の株主総会が、施行日から6か月以内に開催される場合には当該株主総会において、交付書面の範囲限定規定に係る定款変更を決議することでよいが、施行後最初の株主総会が、施行日から6か月経過後に開催される場合

【図表2-Ⅱ-4】交付書面の範囲限定規定に係る定款変更の望ましいタイミング

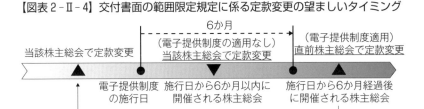

には、当該株主総会の直前の株主総会（臨時株主総会を開催しない前提とすると、施行前の定時株主総会）において、交付書面の範囲限定規定に係る定款変更を決議するのが望ましい（**図表2-Ⅱ-4**参照）。仮に2022年9月1日に電子提供制度が施行されるとすれば、2023年3月～8月総会会社は、電子提供制度の施行後、最初に開催される株主総会が施行日から6か月経過後に開催され、当該株主総会から電子提供制度が適用されることになるため、施行日前の株主総会、すなわち2022年3月～8月総会において交付書面の範囲限定規定に係る定款変更議案を付議するのが得策と考えられる。

　図表2-Ⅱ-5は、施行日から6か月以内に開催される株主総会での定款変更議案記載例である。みなし定款変更事項についても株主総会決議で変更するとともに、交付書面の範囲限定規定を新設し、電子提供制度への移行によって不要となるウェブ開示（インターネット開示）に関する規定を削除する内容である。ウェブ開示の規定については、施行日から6か月以内の日を株主総会の日とする臨時株主総会が開催される可能性と、当該臨時株主総会でウェブ開示を利用した場合には、当該株主総会の日から3か月を経過する日までウェブ開示を継続しなくてはならないので、それらの期間が経過するまでは、なお効力を有する旨の附則を設けることとしている[1]。

　図表2-Ⅱ-6は、施行日前の株主総会での定款変更議案記載例である。電子提供措置をとる旨の規定および交付書面の範囲限定規定を新設し、ウェブ開示に関する規定を削除する内容である。施行日前の株主総会で定

---

1)　座談会88頁以下参照。

【図表2‐Ⅱ‐5】施行日から6か月以内に開催される株主総会での定款変更議案記載例

第○号議案　定款一部変更の件

1.　変更の理由
「会社法の一部を改正する法律」（令和元年法律第70号）附則第1条ただし書きに規定する規定が202X年X月X日に施行され、株主総会資料の電子提供制度が導入されたことに伴い、次のとおり当社定款を変更するものであります。
⑴変更案第15条は、株主総会参考書類等の内容である情報について、電子提供措置をとる旨を定めるものであります。
⑵現行定款第15条の株主総会参考書類等のインターネット開示とみなし提供の規定は不要となるため、これを削除するものであります。
⑶変更案第16条は、書面交付請求をした株主に交付する書面の範囲を限定するための規定を新設するものであります。
⑷上記の新設・削除に伴い、条数の繰り下げを行うとともに、経過措置に関する附則を設けるものであります。

2.　変更の内容
変更の内容は次のとおりであります。

（下線は変更箇所）

現行定款	変更案
〈新　設〉 （株主総会参考書類等のインターネット開示とみなし提供） 第15条　当会社は、株主総会の招集に際し、株主総会参考書類、事業報告、計算書類および連結計算書類に記載または表示をすべき事項に係る情報を、法務省令に定めるところに従いインターネットを利用する方法で開示することにより、株主に対して提	（株主総会参考書類等の電子提供） 第15条　当会社は、株主総会の招集に際し、株主総会参考書類等の内容である情報について、電子提供措置をとるものとする。 〈削　除〉

供したものとみなすことができる。	
〈新　設〉	（書面交付請求株主に対する交付書面の範囲限定） 第16条　当会社は、前条の措置をとる事項のうち法務省令で定めるものの全部または一部について、議決権の基準日までに書面交付請求した株主に対して交付する書面に記載しないことができる。
第16条 〜 第39条　〈条文省略〉	第17条 〜 第40条　〈現行どおり〉
〈新　設〉	（附則） 1.　会社法の一部を改正する法律（令和元年法律第70号）附則第1条ただし書きに規定する規定の施行の日（以下、施行日という）から6か月以内の日を株主総会の日とする株主総会については、現行定款第15条（株主総会参考書類等のインターネット開示とみなし提供）はなお効力を有する。 2.　本附則は、施行日から6か月を経過した日または前項の株主総会の日から3か月を経過した日のいずれか遅い日後にこれを削除する。

（出典）　三菱UFJ信託銀行作成。ただし、附則については、座談会90頁〔図表3〕をもとに作成。

【図表2‐Ⅱ‐6】施行日前の株主総会での定款変更議案記載例

第○号議案　定款一部変更の件

1.　変更の理由
　　「会社法の一部を改正する法律」（令和元年法律第70号）附則第1条ただ
　　し書きに規定する規定が202X年X月X日に施行されますので、株主総
　　会資料の電子提供制度導入に備えるため、次のとおり当社定款を変更す
　　るものであります。
　　⑴変更案第15条は、株主総会参考書類等の内容である情報について、電
　　　子提供措置をとる旨を定めるものであります。
　　⑵株主総会参考書類等のインターネット開示とみなし提供の規定（現行
　　　定款第15条）は不要となるため、これを削除するものであります。
　　⑶変更案第16条は、書面交付請求をした株主に交付する書面の範囲を限
　　　定するための規定を新設するものであります。
　　⑷上記の新設・削除に伴い、条数の繰り下げを行うとともに、効力発生
　　　日等に関する附則を設けるものであります。

2.　変更の内容
　　変更の内容は次のとおりであります。

（下線は変更箇所）

現行定款	変更案
〈新　設〉	（株主総会参考書類等の電子提供） 第15条　当社は、株主総会の招集に 　　　　際し、株主総会参考書類等の内 　　　　容である情報について、電子提 　　　　供措置をとるものとする。
（株主総会参考書類等のインターネット開示とみなし提供） 第15条　当社は、株主総会の招集に 　　　　際し、株主総会参考書類、事業 　　　　報告、計算書類および連結計算 　　　　書類に記載または表示をすべき 　　　　事項に係る情報を、法務省令に 　　　　定めるところに従いインター 　　　　ネットを利用する方法で開示す 　　　　ることにより、株主に対して提 　　　　供したものとみなすことができ 　　　　る。	〈削　除〉 （書面交付請求株主に対する交付書面の

〈新　設〉		範囲限定） 第16条　当会社は、前条の措置をとる 　　　　事項のうち法務省令で定めるも 　　　　のの全部または一部について、 　　　　議決権の基準日までに書面交付 　　　　請求した株主に対して交付する 　　　　書面に記載しないことができる。
第16条 　〜 第39条	〈条文省略〉	第17条 　〜　　〈現行どおり〉 第40条
〈新　設〉		（附則） 1. 現行定款第15条（株主総会参考書 　類等のインターネット開示とみなし 　提供）の削除および変更案第15条 　（株主総会参考書類等の電子提供）、 　第16条（書面交付請求株主に対す 　る交付書面の範囲限定）の新設は、 　会社法の一部を改正する法律（令和 　元年法律第70号）附則第1条ただ 　し書きに規定する規定の施行の日 　（以下「施行日」という）から効力 　を生ずるものとする。 2. 前項の規定にかかわらず、施行日か 　ら6か月以内の日を株主総会の日と 　する株主総会については、現行定款 　第15条はなお効力を有する。 3. 本附則は、施行日から6か月を経過 　した日または前項の株主総会の日か 　ら3か月を経過した日のいずれか遅 　い日後にこれを削除する。

（出典）　三菱 UFJ 信託銀行作成。ただし、附則については、座談会90頁〔図表3〕を
　　　　もとに作成。

【図表 2 - Ⅱ - 7】電子提供措置をとる旨を登記すべき時期

施行日時点の上場会社（みなし定款変更が適用になる会社）	施行日から 6 か月以内に登記しなければならない（整備法 10 条 4 項）。ただし、施行日から当該登記までに他の登記をするときは、当該他の登記と同時に登記しなければならない（整備法 10 条 5 項）。
上記以外	効力発生日から 2 週間以内に登記しなければならない。

款変更することから、あわせて効力発生日に関する附則および上記ウェブ開示に関する附則を設けることとしている。なお、施行日前の株主総会決議で電子提供措置をとる旨を定めることから、電子提供制度施行日に 2 のような、みなし定款変更の説明文を備え置く必要はなく、直接、備置定款を書き換えることになる。

　施行日前の株主総会で電子提供措置をとる旨の定款変更を行った場合も、みなし定款変更がなされた会社と同様に、施行日から 6 か月以内に開催される株主総会には電子提供制度の適用はなく（整備法 10 条 3 項）、電子提供措置をとる旨の登記も施行日から 6 か月以内に行うことでよい（整備法 10 条 4 項、5 項）[2]。

4　登　記

　電子提供措置をとる旨の定款の定めは登記事項とされている（911 条 3 項 12 号の 2）。

　登記事項に変更が生じた場合、効力発生日から 2 週間以内に登記しなければならないが、みなし定款変更については特則が用意されている。みなし定款変更がなされた会社は、施行日から 6 か月以内に電子提供措置をとる旨を登記すればよいとされている（整備法 10 条 4 項）。また、施行日から当該登記をするまでに他の登記をするときは、当該他の登記と同時に、登記をしなければならない（整備法 10 条 5 項）。

---

2)　座談会 88 頁以下参照。また、**コラム 1 - Ⅲ - 1** 参照。

Ⅲ　電子提供制度に基づく株主総会の実務

1　書面交付請求の受付

(1)　上場会社における書面交付請求のフロー

　電子提供措置をとる旨の定款の定めがある会社の株主は、会社に対し、電子提供措置事項を記載した書面（以下「交付書面」という）の交付を請求することができる（325条の5第1項）[1]。会社に対して株主であることを対抗するには、株主名簿に自らの氏名および住所等が記載されていなければならない（130条1項）ため、会社（株主名簿管理人）に対して直接、書面交付請求できるのは、株主名簿に既に登録されている株主ということになる。

　次に、振替法上の加入者は、直近上位機関（振替口座を開設している口座管理機関（以下「証券会社等」という））を経由して書面の交付を請求することができる（振替法159条の2第2項）。本来、加入者は、会社に対して自らが株主であることを対抗することはできないが、証券会社等を経由して書面交付請求をする権利については、会社に対抗することができるとされている（同条同項）。

　したがって、株主名簿に既に登録されている上場会社の株主（既株主）は、振替法上の加入者でもあるので、上場会社（株主名簿管理人）に直接、書面交付請求することもできるし、証券会社等を経由して書面交付請求することもできることとなる。一方、直近の株主確定日現在では株式を保有

---

1)　電磁的方法による株主総会の招集通知の発信を承諾している株主については、書面交付請求をすることができない（会社法325条の5第1項）。ただし、当該承諾を撤回した後、書面交付請求を行うことは可能である。

せず、その後に当該会社の株式を取得したため、株主名簿に自らの氏名および住所等が記載されていない加入者（新規株主）は、証券会社等を経由するルートでのみ書面交付請求できることとなる。仮に、加入者（新規株主）が上場会社（株主名簿管理人）に直接、書面交付請求したとすると、株主名簿には請求者の氏名および住所等が記載されていないので、上場会社（株主名簿管理人）は請求者が株主であることの確認ができず、請求は受理されないこととなる。

　なお、単元未満株主も株主であることから、書面交付請求を行うことはできる。ただし、基準日時点で単元未満株式しか保有していない場合は、議決権がないため招集通知が送付されることはなく、招集通知に際して交付書面も送付されることはない。

(2)　書面交付請求の方法

　書面交付請求の方法について、会社法は具体的な定めを置いていない。したがって、一般的な株式事務と同様に、定款の定めに基づいて各社で定める株式取扱規程に従うこととなる（**図表2-Ⅲ-2、図表2-Ⅲ-3**参照）。

　図表2-Ⅲ-1のとおり、上場会社の書面交付請求の流れは、①会社（株主名簿管理人）に対する直接請求と②証券会社等、証券保管振替機構経由の請求の二つに分かれる。以下ではこの二つの流れについて書面交付請求の方法をそれぞれ考察するが、各関係機関における書面交付請求の実務対応はまだ検討の途上にあるため、現行の株式事務をベースに筆者の私見を織り交ぜた内容であることをあらかじめご了承願いたい。

①　会社に対する直接請求

　株券電子化後の現在の株式事務において、株主が会社（株主名簿管理人を含む）に対して直接、請求等（ここでは、一応、書面によるものに限定する）を行っているものには、議決権の行使、未払配当金の請求、少数株主権等の行使がある。これらの請求等の方法は、原則として会社所定の請求書等により行われている（**図表2-Ⅲ-4**参照）。したがって、書面交付請求の方法についても、会社所定の請求書（以下「書面交付請求書」という）によることが考えらえる。

【図表2 -Ⅲ- 1】 上場会社における書面交付請求の流れ

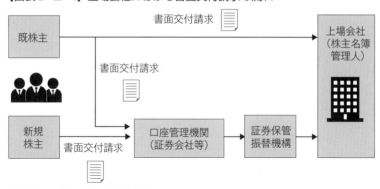

（出典）　三菱 UFJ 信託銀行作成

【図表2 -Ⅲ- 2】 全株懇の定款モデル第 11 条

（株式取扱規程） 第 11 条　当会社の株式に関する取扱いおよび手数料は、法令または本定款の 　　　　ほか、取締役会において定める株式取扱規程による。

【図表2 -Ⅲ- 3】 全株懇の株式取扱規程モデル第 1 条

（目的） 第 1 条　当会社における株主権行使の手続きその他株式に関する取扱いにつ 　　　　いては、株式会社証券保管振替機構（以下「機構」という。）および株 　　　　主が振替口座を開設している証券会社等の口座管理機関（以下「証券 　　　　会社等」という。）が定めるところによるほか、定款第 11 条に基づき 　　　　この規程の定めるところによる。

【図表2 -Ⅲ- 4】 会社に対する直接の請求等の方法

請求等の内容	書面名称	備　考
議決権の行使	議決権行使書面、委任状	議場においては議長の定める方法で行使する。
未払配当金の請求	配当金領収証、未着喪失届	未着喪失届は配当金領収証を紛失した場合に使用する。
少数株主権等の行使	閲覧謄写請求書等	株主提案権等は会社所定の請求書等ではなく株主作成の任意の請求書等が一般に用いられる。

【図表2-Ⅲ-5】書面交付請求書（イメージ）

○○○○年○月○日

書面交付請求書

　○○○○株式会社　　宛
（株主名簿管理人○○○○信託銀行）

（住　所）＿＿＿＿＿＿＿＿＿

（氏　名）＿＿＿＿＿＿㊞

（連絡先）＿＿＿＿＿＿＿＿＿

　私は、会社法第325条の5に基づき書面交付を請求しますので、本請求書受理日以後に到来する基準日に係る株主総会について、電子提供措置事項を記載した書面を交付願います。

以上

（社用欄）　　　　　　　　　　　　　　　　（受理日）

※　書面交付請求は、会社ごと（銘柄ごと）に請求する必要があるが、株主名簿管理人が同じであれば1枚の書面交付請求書で複数の会社に対する書面交付請求を行う様式とすることも考えられる。また、押印は不要とすることも考えられる。

　株主から所定の事項が記入等された書面交付請求書が株主名簿管理人に提出された場合、株主名簿管理人では当該請求が株主本人からの請求かどうかを確認することが必要となる。この点について、全株懇の株式取扱規程モデル第10条では、株主が請求等をする場合に当該請求等を本人が行ったことを証するもの（証明資料等）の添付または提供を求めることとしている（**図表2-Ⅲ-6**参照）。証明資料等としては、個人の場合、請求書に押印された印鑑に係る印鑑証明書の添付や運転免許証、健康保険証等の提供が考えられる（全株懇の「株主本人確認指針」3. 参照）。

　また、株式取扱規程モデル第10条は、会社が本人からの請求等であることを確認できる場合は、証明資料等の添付等は不要としている。全株懇の本人確認指針では、議決権行使書や配当金領収証等、発行会社が作成し、株主の登録住所宛に送付された書類等の提出をもって確認することが示されている。これを準用すると、株主が株主名簿管理人に電話等で手続用紙の送付を依頼し、株主の届出住所宛に送付された書面交付請求書を用いて請求がなされた場合は、証明資料等の添付なしに請求を受理すること

【図表2-Ⅲ-6】全株懇の株式取扱規程モデル第10条

（株主確認）
第10条　株主（個別株主通知を行った株主を含む。）が請求その他株主権行
　　　　使（以下「請求等」という。）をする場合、当該請求等を本人が行っ
　　　　たことを証するもの（以下「証明資料等」という。）を添付し、また
　　　　は提供するものとする。ただし、当会社において本人からの請求等で
　　　　あることが確認できる場合はこの限りでない。
　2　当会社に対する株主からの請求等が、証券会社等および機構を通じてな
　　　された場合は、株主本人からの請求等とみなし、証明資料等は要しない。
　3　（略）
　4　（略）

が考えられる。

　次に、株主の本人確認は、「成りすまし」による請求を防止するために行われている。書面交付請求について、仮に「成りすまし」があった場合、株主には株主総会資料の電子提供に加えて、交付書面が送付されることとなり、本人が望んでいない交付書面が送付されてしまうことにはなるが、これによって株主に不利益が生じるかというと、特段の不利益は生じていないと考えることもできる。このため、書面交付請求について本人確認を省略する余地もあり、今後、電子提供制度の実務対応を進めていく中で検討されることになると思われる[2]。

②　証券会社等、証券保管振替機構経由の請求

　証券会社等、証券保管振替機構経由の書面交付請求の方法については、証券保管振替機構および株主が振替口座を開設している証券会社等の定めるところによる（**図表2-Ⅲ-3**参照）[3]。書面によるか、電話や電子メール等でも受け付けるかどうかは証券会社等によって異なる可能性があると思

---

[2]　本人確認を省略することができれば、書面交付請求書によることなく、電話やウェブサイトで請求を受け付けることも考えられなくはないと思われる。一方、書面交付請求の撤回については、「成りすまし」による撤回があると、株主に必要な交付書面が届かないという不利益が生じることになるので、より厳格に本人確認を行う必要があるといえる。

われる。

　また、本人確認の方法についても、証券会社等の定めるところによる。

　なお、振替株式の株主（上場会社の株主）による書面交付請求権の行使に際しては、個別株主通知は不要である。いわゆる少数株主権等と整理するのではなく、書面交付請求権は、株主総会の議場における議案提案権（304 条）と同様に、議決権と一体となった権利ということになる。

(3)　書面交付請求の行使期限

　書面交付請求は、議決権行使基準日が定められている場合は、当該基準日までに行わなくてはならない（325 条の 5 第 2 項）。ここで、基準日までに書面交付請求をしたと評価されるためには、書面交付請求が会社（株主名簿管理人）に到達していることを要するという解釈と、書面交付請求が証券会社等に対してなされていれば足りるという解釈が考えられる。権利付き最終日（基準日から 2 営業日前）に株式を買い付けた投資家が書面交付請求することを想定すると、基準日までに書面交付請求が証券会社等に対してなされていれば足りるという解釈を採用するのが望ましい（**コラム 1‐Ⅴ‐ 1 参照**）。

---

3)　口座管理機関を経由した書面交付請求の受付処理については、証券保管振替機構「株式等振替制度における株主総会資料の書面交付請求に係る要綱」（2020 年 3 月 31 日付）が公表されている。同要綱によると、加入者からの書面交付請求の取次請求を受け付けた口座管理機関は、証券保管振替機構（以下「機構」という）に対し、遅滞なく「書面交付請求取次データ」（通知内容は、書面交付請求の対象となる銘柄（銘柄コード）、加入者の氏名または名称および住所（加入者口座コード））を通知し、当該通知を受けた機構は、翌営業日に、発行会社（株主名簿管理人。以下同じ）に対し、「書面交付請求データ」を通知することとしている。発行会社は、加入者が株主名簿に記載された株主である場合は、機構から通知された「書面交付請求データ」に基づいて発行会社が管理する書面交付請求に係る情報を更新する。加入者が株主名簿に記録されていない場合は、機構から通知された「書面交付請求データ」（書面交付請求の対象となる銘柄（銘柄コード）、加入者の株主等照会コード、加入者の「総株主通知データ（株主情報）」に相当する情報）の受領後の最初の総株主通知において、その加入者が株主として通知されたときは、その株主に係る書面交付請求として取扱い、株主として通知されなかったときは、そのデータを破棄することとしている。

⑷　基準日後の書面交付請求への対応

　基準日後に書面交付請求がなされた場合、会社は当該株主に対して交付書面を送付する義務はない（ただし、以後に到来する基準日に係る株主総会については適法な書面交付請求がなされているので、次回以降は交付書面を送付しなくてはならない）。

　一方、期限に遅れて書面交付請求した株主に対して、会社が、招集通知に際して任意に交付書面を送付することは問題ない。株主に「基準日まで」の書面交付請求を求めるのは、会社の招集事務に過度な負担を与えないよう配慮されたためであり、会社として、招集通知の発送日程に支障がない範囲で、基準日後に書面交付請求した株主を救済することは、むしろ望ましいということができるかもしれない。

　また、特に、電子提供制度が初めて適用される株主総会では、書面交付請求を失念する株主が相応に存在する可能性がある。書面交付請求を失念した株主には交付書面が送付されることはないので、招集通知が手元に届いて初めて書面交付請求を失念したことに気が付く可能性もある。そうした株主は、招集通知到達後に、会社に対して電話等で交付書面の送付を要求することが考えられる。もちろん、この要求は法律上の権利行使ではないので応じる義務はないが、可能な範囲で任意に交付書面を送付することは差し支えない。

　その際、株主が次回以降の株主総会についても交付書面の送付を希望するのであれば、書面交付請求の手続をとるようあわせて案内することが考えられる。

　また、基準日後の書面交付請求であっても可能な範囲で交付書面の送付を行う場合には、基準日現在での書面交付請求株主数より多めに十分な数の交付書面を準備することが必要になる。

2　株主総会資料・招集通知の作成

⑴　作成すべき対象物

　株主総会資料（以下「電子提供措置事項」という）は、電子ファイルで作成し、PDFファイル等に変換したうえで自社ウェブサイト等に掲載する

【図表2-Ⅲ-7】作成すべき対象物のイメージ

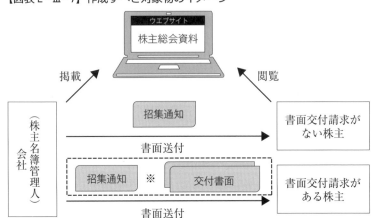

※　招集通知と交付書面は、一体化した書面を作成することも考えられる。

ことになると考えられる。

　招集通知は、これまでと同様に、電子ファイルで作成し、印刷（プリントアウト）のうえ、株主に書面で送付することになると考えられる。

　さらに、株主から書面交付請求があった場合には、招集通知に際して、交付書面を請求株主に送付しなければならない。

　ここで、請求株主には、招集通知と交付書面を送付することになるが、両書面では、狭義の招集通知部分が重複することになるので、重複部分を省略して一体化した書面を用意することが考えられる。もちろん、そのような一体化した書面を必ず作らなくてはならないわけではないので、重複が気にならなければ、一体化はせず、招集通知と交付書面を送付することでよい。

　以上のとおり、作成すべき対象物は、電子提供措置事項、招集通知および交付書面であるが、必要に応じて、交付書面は、招集通知と一体化したものを作成することが考えられる。電子提供措置事項はPDFファイル等として作成し招集通知および交付書面（または招集通知と交付書面を一体化したもの）は書面ということになる。

【図表2-Ⅲ-8】電子提供措置事項、招集通知に記載すべき事項

書類名	電子提供措置事項	招集通知	交付書面
会社法298条1項各号に定める事項（狭義の招集通知部分）	○	○※1	○
株主総会参考書類	○	×	△※2
事業報告	○	×	△※2
計算書類	○	×	△※2
連結計算書類	○	×	△※2
株主提案に係る議案の要領	○	×	○
議決権行使書面	△※3	×	△※4
修正があった場合の記載事項	○※5	×	△※6

※1　招集通知に記載すべき事項は簡略化されている（**図表2-Ⅲ-11、図表2-Ⅲ-12** 参照）
※2　書面の範囲を限定する旨の定款の定めがある場合は、一部を省略可
※3　電子提供するか引き続き書面を交付するかは会社の判断による（本書では書面で交付する前提としている）
※4　議決権行使書面を電子提供している場合、書面交付請求があれば、議決権行使書面を交付しなくてはならない
※5　電子提供後に修正があった場合は電子提供要（現在のウェブ修正と同様）
※6　招集通知発送までに修正があり、印刷に間に合うものについては記載すべきと考えられる（別紙の同封による修正を含む）

(2)　電子提供措置事項の作成

　電子提供措置事項に含まれる各書類の記載事項[4]は、基本的に従来と同様であり、大きく異なる点はないと考えられる。

　なお、298条1項各号に定める事項は、従来の狭義の招集通知部分に当たる（記載事項については**図表2-Ⅲ-9**参照）。しかし、電子提供措置事項に含まれる298条1項各号に定める事項は、招集通知（299条1項）そのものではないことから、会社法施行規則66条3項を適用して、議決権行使書面に記載することで記載を省略する取扱いは認められない。このため、従来の実務では、議決権行使書面に記載して招集通知の記載を省略す

---

[4]　電子提供するものなので、正確には「記録」事項であるが、記載または記録を電子提供と書面で厳密に使い分ける必要は乏しいと思われるため、「記載事項」で統一することとする。

【図表 2-Ⅲ-9】狭義の招集通知部分の法定記載事項（会社法 298 条 1 項各号に定める事項）

記載事項
株主総会の日時および場所（298 条 1 項 1 号）
株主総会の目的である事項があるときは、当該事項（同条同項 2 号）
書面投票制度を採用するときは、その旨（同条同項 3 号）
電子投票制度を採用するときは、その旨（同条同項 4 号）
その他法務省令で定める事項（同条同項 5 号、以下に列挙）
定時総会開催日が前年応当日と著しく離れた場合の開催日時の決定理由（施行規則 63 条 1 号イ）
公開会社で開催日を集中日に決定したことにつき特に理由がある場合の開催日時の決定理由（同 1 号ロ）
開催場所が過去に開催したいずれの場所とも著しく離れた場合の開催場所の決定理由（定款所定の場所での開催を除く）（同 2 号）
株主総会参考書類に記載すべき事項（同 3 号イ）
（取締役会で定める）書面投票期限（同 3 号ロ）
（取締役会で定める）電子投票期限（同 3 号ハ）
議決権行使書面に賛否の記載がない場合の取扱い（同 3 号ニ）
ウェブ開示により株主総会参考書類に記載しない事項（同 3 号ホ）
議決権重複行使の場合の取扱い（同 3 号ヘ、4 号ロ）
株主総会参考書類に記載すべき事項のうち、会社法 325 条の 5 第 3 項の規定により電子提供措置事項に記載しない事項（同 3 号ト）
電磁的方法での招集通知受領承諾株主に対して、請求があった場合にのみ議決権行使書面を送付するときはその旨（同 4 号イ）
電子提供措置をとる旨の定款の定めがある場合に、電磁的方法での招集通知受領承諾株主に対して、請求があった場合にのみ議決権行使書面に記載すべき事項に係る情報について電子提供措置をとることとするときその旨（同 4 号ハ）
代理人の議決権行使について代理権を証明する方法、代理人の数、その他議決権行使に関する事項を定めたときはその事項（同 5 号）
不統一行使の事前通知の方法を定めたときはその方法（同 6 号）

ることが少なくなかった「議決権行使書面に賛否の記載がない場合の取扱い」（会社法施行規則63条3号ニ）について、電子提供措置事項への記載を漏らすことがないよう、注意する必要がある。狭義の招集通知部分（298条1項各号に定める事項）の記載例は**図表2-Ⅲ-10**を参照されたい。

　一方、電子提供制度導入の目的の一つに、紙幅の制約がなくなることで、電子提供措置事項に盛り込む情報を充実させることができ、また、動画等の媒体での情報提供が可能になることがあげられている[5]。発行会社としては、これまで紙幅の制約のために掲載を見送ってきた情報があれば、これを電子提供措置事項に含めて提供して情報充実等に努めることが考えられる。さらに、電子提供であることから、ウェブサイトで開示済の他の情報へのアクセスは容易になるというメリットもある。電子提供措置事項には概要を記載し、詳細は情報が開示されているウェブサイトへのハイパーリンクを活用することが考えられる。

(3)　招集通知の作成

　招集通知の記載事項は**図表2-Ⅲ-11**、**図表2-Ⅲ-12**のとおりである。従来の招集通知の記載事項がかなりスリム化され、電子提供措置事項の一部となる狭義の招集通知部分の記載事項とは大きく異なっている。よって、事実上、二つのパターンの狭義の招集通知を作り分けることになるので、記載内容を混同することがないよう注意しないといけない[6]。

　また、招集通知には、一般に法定記載事項以外の任意の記載事項も記載されている。例えば、証券コードや開催場所の案内図などがある。さらに、最近の招集通知には、株主に対するお願いやご案内などを記載することも多い。例えば、早めの来場のお願い、議決権行使方法のご案内、株主懇談会の開催予定、お土産の用意はない旨などがある（直近では来場自粛

---

[5]　動画等の媒体で情報提供する場合、動画等の内容はあくまで参考情報となる点には留意が必要である。電子提供措置事項は、プリントアウトできる状態でウェブサイト上に掲載することが必要であるため（会社法施行規則95条の2、222条2項）、法定記載事項について、動画等の媒体のみで情報提供することは避けなくてはならない。

[6]　実務対応としては、招集通知と電子提供措置事項の狭義の招集通知部分の双方の記載事項を網羅した共通の招集通知を作成することも考えられなくはない。

【図表2‐Ⅲ‐10】電子提供措置事項の狭義の招集通知部分（会社法298条1項各号に定める事項）の記載例（下線部分が法定記載事項）

証券コード○○○○

○年○月○日

株主各位

東京都千代田区○○○丁目○番○号

○○○○株式会社

代表取締役　○○○○

第○回定時株主総会招集ご通知

拝啓　平素は格別のご高配を賜りありがたく厚く御礼申しあげます。

　さて、当社第○回定時株主総会を下記のとおり開催いたしますので、ご通知申しあげます。

　なお、当日ご出席されない場合は、<u>インターネットまたは書面により議決権を行使する</u>ことができますので、お手数ながら後記の株主総会参考書類をご検討のうえ、「議決権行使についてのご案内」（○頁）に従いまして<u>○年○月○日（○曜日）午後○時</u>までに議決権を行使くださいますようお願い申しあげます。

敬具

記

1.　<u>日　　　時　　○年○月○日（○曜日）午前10時</u>

2.　<u>場　　　所　　東京都千代田区○○○丁目○番○号　当社本店○階会議室</u>

3.　<u>目的事項</u>

　　<u>報告事項　1　第○期（○年○月○日から○年○月○日まで）</u>

　　　　　　　　　<u>事業報告、連結計算書類ならびに会計監査人および監査役会の連結計算書類監査結果報告の件</u>

　　　　　　　<u>2　第○期（○年○月○日から○年○月○日まで）</u>

　　　　　　　　　<u>計算書類報告の件</u>

　　<u>決議事項　第1号議案　取締役○名選任の件</u>

　　　　　　　<u>第2号議案　監査役○名選任の件</u>

以上

（注）1.　株主総会参考書類等の内容に修正すべき事情が生じた場合は、インターネット上の当社ウェブサイト（https://www.xxx.co.jp/agm.html）に掲載することにより、お知らせいたします。

　　　2.　株主総会参考書類等は、○○証券取引所のウェブサイト（https://www.X.co.jp/X.html）にも掲載しております。

議決権行使についてのご案内————————————

1. 電磁的方法（インターネット）にて議決権を行使される場合

　パソコンまたはスマートフォン等の端末から議決権行使サイト（https://evote.tr.mufg.jp/）にアクセスし、議決権行使書用紙に記載された「ログインID」および「仮パスワード」をご入力いただき、画面の案内にしたがって賛否をご入力ください。

　また、お手持ちのスマートフォン等にて議決権行使書用紙に表示されたQRコードを読み取りいただくことにより、「ログインID」および「仮パスワード」　が入力不要のスマートフォン用議決権行使ウェブサイトから議決権をご行使いただけます。

行使期限　○年○月○日（○曜日）午後○時まで

① 　議決権行使ウェブサイトへのアクセスに際して、電話代等の通信料金とプロバイダへの接続料金は株主様のご負担となりますのでご了承ください。

② 　携帯電話またはスマートフォンを用いられる場合、機種によってはご利用いただけない場合がありますのでご了承ください。

③ 　インターネットと書面により、二重に議決権を行使された場合は、インターネットによるものを有効な議決権行使として取扱います。

④ 　インターネットによる方法で複数回議決権を行使された場合は、最後に行われたものを有効な議決権行使として取扱います。

　インターネットによる議決権の行使につきましては、下記にお問い合わせくださいますようお願い申しあげます。

　株主名簿管理人：三菱UFJ信託銀行株式会社　証券代行部（ヘルプデスク）

　電話：0120-○○○-○○○（フリーダイヤル）受付時間　午前9時〜午後9時

2. 郵送（書面）にて議決権を行使される場合

　議決権行使書用紙に議案に対する賛否をご表示のうえ、切手を貼らずにご投函ください。なお、議案に対する賛否が表示されていない場合は、会社提案について賛成と取扱います。

行使期限　○年○月○日（○曜日）午後○時到着分まで

※　議決権行使期限は、特定の時を議決権行使期限と定めた場合に法定記載事項となる（会社法施行規則63条3号ロハ）。その他の法定記載事項は該当がないことを前提としている。

【図表 2 - Ⅲ - 11】招集通知の法定記載事項（298 条 1 項各号に定める事項）

記載事項	招集通知※ 1	電子提供措置事項※ 2
株主総会の日時および場所（298 条 1 項 1 号）	○	○
株主総会の目的である事項があるときは、当該事項（同条同項 2 号）	○	○
書面投票制度を採用するときは、その旨（同条同項 3 号）	○	○
電子投票制度を採用するときは、その旨（同条同項 4 号）	○	○
その他法務省令で定める事項（同条同項 5 号）	×	○※ 3
電子提供措置をとっているときは、その旨（325 条の 4 第 2 項 1 号）	○	×
EDINET を用いて開示しているときは、その旨（同条同項 2 号）	○	×
その他法務省令で定める事項（同条同項 3 号）	○※ 3	×

※ 1　299 条 3 項により、電磁的方法により発信する招集通知の記載事項も同じ内容である。
※ 2　電子提供措置事項の狭義の招集通知部分の法定記載事項は参考表示
※ 3　【図表 2 - Ⅲ - 12】参照

のお願いなど新型コロナウイルス感染症対応も記載している）。電子提供制度適用後も、必要に応じて、こうした任意的記載事項は招集通知に記載されるものと考えられる。

　次に、電子提供制度適用後、招集通知に一般的に記載されると想定される任意的記載事項としては、電子提供措置事項が提供されているウェブサイトへのアクセスを容易にするため、QR コード等の二次元バーコードを掲載することが考えられる。紙ではハイパーリンクが利用できないので、その代替として二次元バーコードが活用されるものと想定される。

　なお、招集通知以外の書類を任意に株主に交付することは妨げられないので、電子提供措置事項のサマリー等を添付して株主に交付することも考えられる。ただし、電子提供制度のもとでの招集通知は、株主に対して、ウェブサイトに掲載された電子提供措置事項の閲覧を促す役割を持つもの

【図表 2 -Ⅲ- 12】 その他法務省令で定める事項（298 条 1 項 5 号および同 325 条の 4 第 2 項 3 号の省令委任事項）

記載事項	招集通知	電子提供措置事項※ 1
電子提供措置をとっている場合には電子提供措置に係る URL など閲覧に必要な事項（施行規則 95 条の 3 第 1 項 1 号）※ 2	○	×
EDINET による例外を用いている場合にはその閲覧に必要な事項（同 2 号）	○	×
定時総会開催日が前年応当日と著しく離れた場合の開催日時の決定理由（施行規則 63 条 1 項 1 号イ）	×	○
公開会社で開催日を集中日に決定したことにつき特に理由がある場合の開催日時の決定理由（同 1 号ロ）	×	○
開催場所が過去に開催したいずれの場所とも著しく離れた場合の開催場所の決定理由（定款所定の場所での開催を除く）（同 2 号）	×	○
株主総会参考書類に記載すべき事項（同 3 号イ）	×	○
（取締役会で定める）書面投票期限（同 3 号ロ）	×	○
（取締役会で定める）電子投票期限（同 3 号ハ）	×	○
議決権行使書面に賛否の記載がない場合の取扱い（同 3 号ニ）	×	○
ウェブ開示により株主総会参考書類に記載しない事項（同 3 号ホ）	×	○
議決権重複行使の場合の取扱い（同 3 号ヘ、4 号ロ）	×	○
株主総会参考書類に記載すべき事項のうち、325 条の 5 第 3 項の規定により電子提供措置事項に記載しない事項（同 3 号ト）	×	○
電磁的方法での招集通知受領承諾株主に対して、請求があった場合にのみ議決権行使書面を送付するときはその旨（同 4 号イ）	×	○
電子提供措置をとる旨の定款の定めがある場合に、電磁的方法での招集通知受領承諾株主に対して、請求があった場合にのみ議決権行使書面に記載すべき事項に係る情報について電子提供措置をとることとするときはその旨（同 4 号ハ）	×	○

代理人の議決権行使について代理権を証明する方法、代理人の数、その他議決権行使に関する事項を定めたときはその事項（同5号）	×	○
不統一行使の事前通知の方法を定めたときはその方法（同6号）	×	○

※1　電子提供措置事項の狭義の招集通知部分の法定記載事項は参考表示
※2　株主が電子提供措置をとっているウェブページに到達するために必要な情報を招集通知に記載することを求めるものであり、その方法としては、電子提供措置をとっているウェブページのアドレスを記載する方法に限られず、例えば、会社のウェブサイトのトップページ等のアドレスを記載し、当該トップページから目的のウェブページに到達するための方法を併記することなどもできる（パブコメ回答第31⑴④参照）。

であるから、電子提供措置事項のサマリーを交付することによって、株主がウェブサイトを閲覧することなく、当該サマリーのみを参照して議決権を行使することになると本末転倒ということにもなりかねない。電子提供措置事項のサマリーを交付する場合、ウェブサイトに掲載された電子提供措置事項の閲覧を促すような内容となるよう留意が必要である[7]。また、「プロキシーファイトの状況下で会社提案と株主提案が対立している場合に、会社提案のみを記載した資料を書面で提供する場合など、当該提供の態様が過度に恣意的と取られるようなとき」には、招集手続が著しく不公正なとき（831条1項1号）に該当することを理由に株主総会の決議取消事由となる可能性があるとの見解もある[8]。株主提案が行われている場合の対応等に留意が必要であるが、この点については**第1部Ⅳ6(3)**も参照されたい。

---

7)　米国の電子提供制度において、招集通知を「アクセス通知」と表現しているのもこのような事情による。また、電子提供措置事項のサマリーを交付するのではなく、ウェブサイトに掲載される株主総会参考書類と同じ内容の書類を株主に交付することや、その他の書類を含めた電子提供措置事項と同じ内容の書類を株主に交付すること（いわゆるフルセット・デリバリー）も考えられる。特にフルセット・デリバリーについては、電子提供制度導入の趣旨にそぐわない可能性もあるため、制度導入当初の利用とするなど、慎重な検討が必要であろう。
8)　岩崎友彦ほか編著『令和元年改正会社法ポイント解説Q&A』（日本経済新聞出版、2020）66頁、Q35参照。

⑷　書面交付請求株主に送付する交付書面の作成

会社は、招集通知に際して、基準日までに書面交付請求をした株主に対し、交付書面を送付しなければならない（325条の5第2項）。

交付書面は、ウェブサイト上に掲載した電子提供措置事項（PDFファイル等）をプリントアウトしたもので差し支えない。この交付書面を招集通知に添付して請求株主に送付することになるが、招集通知の記載事項と交付書面の298条1項各号に定める事項（狭義の招集通知部分）では記載事項の重複がある（**図表2-Ⅲ-11、図表2-Ⅲ-12**参照）。この重複部分や記載内容の齟齬が気になる場合には、重複部分を省略して一体化した合冊の提供書面を用意することが考えられる。一体化するかどうかは各社の裁量であり、重複が気にならなければ、ウェブサイト上に掲載した電子提供措置事項をプリントアウトした交付書面を招集通知に添付する体裁（別冊）で差し支えない。

合冊とする場合は、招集通知の記載事項と交付書面の298条1項各号に定める事項（狭義の招集通知部分）の記載事項が網羅されるよう配慮が必要となる。合冊とした場合の招集通知（交付書面の狭義の招集通知部分を含む）記載例は**図表2-Ⅲ-14**を参照されたい。

次に、交付書面の内容は、電子提供措置事項（法定記載事項）が記載されていれば足り、実際に電子提供した内容がすべて記載されていなければならないわけではない。例えば、取締役選任議案に関連して、社外でない取締役候補者の選任理由、社外取締役の独立性判断基準、取締役候補者の指名方針・手続、取締役会の実効性評価に関する事項等の任意的記載事項を株主総会参考書類に記載する会社があるが、これらを電子提供していたとしても交付書面の内容に含めなくてはならないわけではない。法定記載事項以外の事項を任意に記載するかどうかは会社の裁量であるので、紙幅の制約を加味しつつ検討することで差し支えない。

さらに、定款に交付書面の範囲限定規定がある場合には、定款の定めに従って、どこまで書面の範囲を限定するか、検討する必要がある。限定できる範囲は、現行法のもとでウェブ開示が可能な範囲をベースとしており、かなり広範である（**図表2-Ⅲ-15**参照。ただし、現行法でウェブ開示可能な連結貸借対照表、連結損益計算書、事業報告の責任限定契約に関する事項

【図表2 - Ⅲ - 13】招集通知記載例（下線部分が法定記載事項）

証券コード

〇年〇月〇日

株主各位

東京都千代田区〇〇〇丁目〇番〇号

〇〇〇〇株式会社

代表取締役　〇〇〇〇

第〇回定時株主総会招集ご通知

拝啓　平素は格別のご高配を賜りありがたく厚く御礼申しあげます。

　さて、当社第〇回定時株主総会を下記のとおり開催いたしますので、ご通知申しあげます。

　<u>株主総会参考書類等は、インターネット上の当社ウェブサイトに掲載しております</u>ので、以下の URL にアクセスのうえご確認くださいますようお願い申しあげます。

　　　　当社ウェブサイト　https://www.xxx.co.jp/agm.html　QR コード

　なお、当日ご出席されない場合は、<u>インターネットまたは書面により議決権を行使することができます</u>ので、お手数ながら株主総会参考書類をご検討のうえ、<u>〇年〇月〇日（〇曜日）午後〇時までに議決権を行使ください</u>ますようお願い申しあげます。

敬具

記

1. <u>日　　　時　〇年〇月〇日（〇曜日）午前 10 時</u>
2. <u>場　　　所　東京都千代田区〇〇〇丁目〇番〇号　当社本店〇階会議室</u>
3. <u>目的事項</u>
　　<u>報告事項　1　第〇期（〇年〇月〇日から〇年〇月〇日まで）</u>
　　　　　　　　　<u>事業報告、連結計算書類ならびに会計監査人および監査役</u>
　　　　　　　　　<u>会の連結計算書類監査結果報告の件</u>
　　　　　　　2　<u>第〇期（〇年〇月〇日から〇年〇月〇日まで）</u>
　　　　　　　　　<u>計算書類報告の件</u>
　　<u>決議事項　第 1 号議案　取締役〇名選任の件</u>
　　　　　　　<u>第 2 号議案　監査役〇名選任の件</u>

以上

（注）1.　本株主総会にご出席の際は、お手数ながら、同封の議決権行使書用
　　　　　　紙を会場受付にご提出ください。
　　　2.　株主総会参考書類等の内容に修正すべき事情が生じた場合は、イン
　　　　　　ターネット上の当社ウェブサイト（https://www.xxx.co.jp/agm.html）

> に掲載することにより、お知らせいたします。
> 3. 株主総会参考書類等は、○○証券取引所のウェブサイト（https://
>   www.X.co.jp/X.html）にも掲載しております。

※　シンプルな記載例としているが、任意に議決権行使方法のご案内や株主総会会場の
　ご案内（地図等）を付記することが考えられる。

は対象から除かれている）。省略できる事項をすべて省略するのか、一部を
省略するにとどめるのかは、会社の裁量であるので、紙幅の制約を加味し
つつ検討することで差し支えない。

　なお、事業報告記載事項について書面の範囲を限定する場合、監査役
（または監査等委員会もしくは監査委員会）が交付書面に記載された事項は監
査報告を作成するに際して監査をした事業報告記載事項の一部である旨を
株主に対して通知すべきことを取締役に請求したときは、その旨を株主に
対して通知しなければならない（会社法施行規則95条の4第2項1号）。ま
た、計算書類、連結計算書類についても、監査役（または監査等委員もし
くは監査委員会）または会計監査人が同様の請求をしたときは、その旨を
株主に対して通知しなければならない（同項2号、3号）。ウェブ開示にも
同様の規定があり、通常は招集通知にこの旨を記載する対応としているの
で、交付書面の狭義の招集通知部分に記載することが想定される（**図表
2-Ⅲ-14**参照）。

(5)　スマートフォン用の電子提供措置事項等の作成

　電子提供制度適用後、株主がウェブサイトに掲載された電子提供措置事
項を閲覧する場合、スマートフォンで閲覧する株主が多くなるものと思わ
れる。このため、すでに一部で利用している会社もあるが、電子提供措置
事項とは別に、スマートフォンで見やすい体裁のものを作成する会社が増
える可能性は高い。また、電子提供措置事項そのものをスマートフォンで
見やすい仕様にすることも考えられる。任意の記載事項については、ハイ
パーリンク等の機能を活用すれば、コンパクトで見やすい体裁とすること
ができるであろう。

【図表2-Ⅲ-14】招集通知記載例（招集通知と電子提供措置事項の狭義の招集通知部分の双方の記載事項を網羅した内容）（下線部分が法定記載事項）

証券コード

〇年〇月〇日

株主各位

東京都千代田区〇〇〇丁目〇番〇号

〇〇〇〇株式会社

代表取締役　〇〇〇〇

第〇回定時株主総会招集ご通知

拝啓　平素は格別のご高配を賜りありがたく厚く御礼申しあげます。

　さて、当社第〇回定時株主総会を下記のとおり開催いたしますので、ご通知申しあげます。

　株主総会参考書類等は、インターネット上の当社ウェブサイトに掲載しておりますので、以下の URL にアクセスのうえご確認くださいますようお願い申しあげます。

　　　　当社ウェブサイト　https://www.xxx.co.jp/agm.html　**QR コード**

　なお、当日ご出席されない場合は、インターネットまたは書面により議決権を行使することができますので、お手数ながら株主総会参考書類をご検討のうえ、後述のご案内にしたがって〇年〇月〇日（〇曜日）午後〇時までに議決権を行使くださいますようお願い申しあげます。

敬具

記

1. 日　　　時　〇年〇月〇日（〇曜日）午前 10 時
2. 場　　　所　東京都千代田区〇〇〇丁目〇番〇号　当社本店〇階会議室
3. 目的事項
　　報告事項　1　第〇期（〇年〇月〇日から〇年〇月〇日まで）
　　　　　　　　　事業報告、連結計算書類ならびに会計監査人および監査役会の連結計算書類監査結果報告の件
　　　　　　　2　第〇期（〇年〇月〇日から〇年〇月〇日まで）
　　　　　　　　　計算書類報告の件
　　決議事項　第1号議案　取締役〇名選任の件
　　　　　　　第2号議案　監査役〇名選任の件

以上

（注）1. 本株主総会にご出席の際は、お手数ながら、同封の議決権行使書用紙を会場受付にご提出ください。

2. 次の事項につきましては、法令および当社定款第○条の規定に基づき、インターネット上の当社ウェブサイト（https：//www.xxx.co.jp/agm.html）に掲載しておりますので、本招集ご通知には記載しておりません。したがって、本招集ご通知の添付資料は、監査報告を作成するに際し、監査役および会計監査人が監査をした対象書類の一部であります。
   ① 連結計算書類の連結株主資本等変動計算書および連結注記表
   ② 計算書類の株主資本等変動計算書および個別注記表
   ③ 株主総会参考書類の以下の事項
      ……
3. 株主総会参考書類等の内容に修正すべき事情が生じた場合は、インターネット上の当社ウェブサイト（https://www.xxx.co.jp/agm.html）に掲載することにより、お知らせいたします。
4. 株主総会参考書類等は、○○証券取引所のウェブサイト（https://www.X.co.jp/X.html）にも掲載しております。

【議決権行使についてのご案内】
1. 電磁的方法（インターネット）にて議決権を行使される場合
   パソコンまたはスマートフォン等の端末から議決権行使サイト（https://evote.tr.mufg.jp/）にアクセスし、議決権行使書用紙に記載された「ログインID」および「仮パスワード」をご入力いただき、画面の案内にしたがって賛否をご入力ください。
   また、お手持ちのスマートフォン等にて議決権行使書用紙に表示されたQRコードを読み取りいただくことにより、「ログインID」および「仮パスワード」が入力不要のスマートフォン用議決権行使ウェブサイトから議決権をご行使いただけます。
   行使期限　○年○月○日（○曜日）午後○時まで

   ① 議決権行使ウェブサイトへのアクセスに際して、電話代等の通信料金とプロバイダへの接続料金は株主様のご負担となりますのでご了承ください。
   ② 携帯電話またはスマートフォンを用いられる場合、機種によってはご利用いただけない場合がありますのでご了承ください。
   ③ インターネットと書面により、二重に議決権を行使された場合は、インターネットによるものを有効な議決権行使として取扱います。
   ④ インターネットによる方法で複数回議決権を行使された場合は、最後に行われたものを有効な議決権行使として取扱います。

　インターネットによる議決権の行使につきましては、下記にお問い合わせくださいますようお願い申しあげます。
　　株主名簿管理人：三菱 UFJ 信託銀行株式会社　証券代行部（ヘルプデスク）
　　電話：0120-○○○-○○○（フリーダイヤル）受付時間　午前 9 時〜午後 9 時
2.　郵送（書面）にて議決権を行使される場合
　　　議決権行使書用紙に議案に対する賛否をご表示のうえ、切手を貼らずにご投函ください。なお、<u>議案に対する賛否が表示されていない場合は、会社提案について賛成と取扱います。</u>
　　行使期限　○年○月○日（○曜日）午後○時到着分まで

※　会社法施行規則 63 条に定める事項は該当があれば記載が必要。
※　波線部分は、会社法施行規則 95 条の 4 第 2 項に基づく記載である。

【図表 2-Ⅲ-15】交付書面への記載を省略できる範囲（会社法施行規則 95 条の 4）

書類名	省略できる事項
株主総会参考書類	・次に掲げるものを除いた事項 イ　議案 ロ　イを除く株主総会参考書類記載事項のうち、交付書面に記載しないことについて監査役、監査等委員会または監査委員会（以下「監査役等」とする）が異議を述べている場合の当該事項
事業報告	・次に掲げるものを除いた事項 イ　事業の経過および成果（会社法施行規則 120 条 1 項 4 号）、資金調達の状況、設備投資の状況、事業の譲渡、吸収分割、新設分割等（同項 5 号）、重要な親会社および子会社の状況（同項 7 号）、対処すべき課題（同項 8 号）、会社役員の氏名、地位および担当（同 121 条 1 号、2 号）、責任限定契約に関する事項（同条 3 号、125 条 1 号、126 条 7 号）、補償契約に関する事項（同条 3 号の 2〜3 号の 4、同 125 条 2 号〜4 号、126 条 7 号の 2〜7 号の 4）、会社役員の報酬等に関する事項（同 121 条 4 号〜6 号の 3）、D&O 保険契約に関する事項（同 121 条の 2） ロ　イを除く事業報告記載事項のうち、交付書面に記載しないことについて監査役等が異議を述べている場合の当該事項
計算書類	・株主資本等変動計算書 ・個別注記表
連結計算書類	・連結株主資本等変動計算書 ・連結注記表

⑹　議決権行使書面の作成

本書では、議決権行使書面の電子提供を想定していないので、電子提供制度の適用開始後も現在と同じように、議決権行使書面を作成し、招集通知に際して株主に交付することになる。電子提供制度の適用開始後に作成する議決権行使書面は、現在と同じ内容の書面で差し支えない。

議決権行使書面記載事項のうち、賛否の記載がない場合の取扱い（会社法施行規則66条1項2号）、重複行使があった場合の取扱い（同項3号）、議決権行使期限（同項4号）は、現在と同様に、招集通知に記載して議決権行使書面には記載しない取扱いも可能である（同条4項）。

なお、議決権行使書面の電子提供を行う場合には、株主名簿管理人が電子提供を行うためのプラットフォームを用意することになるものと思われる。

3　招集取締役会の決議

電子提供制度の適用によって、総会招集の取締役会の開催時期が変化することは考えにくい。例えば、3月決算会社が事業年度末である3月末日を議決権基準日として、6月下旬に定時株主総会を開催するスケジュールを想定すると、監査が終了するタイミングである5月中旬前後に総会招集の取締役会が行われることになると考えられる。

次に、総会招集の取締役会で決議すべき事項は、一部追加されている（全体像は**図表2-Ⅲ-9**参照）。新たに追加されたのは以下の事項である。

・株主総会参考書類に記載すべき事項のうち、325条の5第3項の規定により電子提供措置事項に記載しない事項（会社法施行規則63条3号ト）
・電子提供措置をとる旨の定款の定めがある場合に、電磁的方法での招集通知受領承諾株主に対して、請求があった場合にのみ議決権行使書面に記載すべき事項に係る情報について電子提供措置をとることとするときはその旨（同4号ハ）

前者は、書面交付請求株主に送付する交付書面から株主総会参考書類の

記載の一部を省略する場合に取締役会の決議が必要となり、電子提供措置
事項（狭義の招集通知部分）への記載も要することとなる（記載例は**図表 2 -
Ⅲ - 14** 参照）。ウェブ開示に際して株主総会参考書類に記載しない事項に
ついて取締役会決議を要する（会社法施行規則 63 条 3 号ホ）のと同様の規
定である。

　後者は、電磁的方法による株主総会の招集通知の発信（299 条 3 項）を
採用する会社において、議決権行使書面も電子提供する場合に、電磁的方
法による招集通知の受領を承諾した株主に対しては、当該株主から請求が
あった場合にのみ、議決権行使書面に記載すべき事項に係る情報について
電子提供措置をとることとするときは、その旨を取締役会で決議すること
を求め、電子提供措置事項（狭義の招集通知部分）にも記載させるもので
ある。会社法施行規則 63 条 4 号イに相当する規定を電子提供制度につい
ても設けたものと考えられるが、議決権行使書面を電子提供する会社はほ
とんどないと思われること、現在の実務では議決権行使書面は総会当日の
入場票としても用いられることが多く、承諾株主に対しても議決権行使書
面を送付している会社は少なくないことを勘案すると、会社法施行規則
63 条 4 号ハの定めを利用するケースは考えにくい。

4　電子提供措置

　電子提供措置事項は、株主総会の 3 週間前の日または招集通知を発した
日のいずれか早い日から株主総会の日後 3 か月を経過する日までの間、継
続してウェブサイトに掲載（電子提供措置）しなければならない。

⑴　電子提供措置事項を掲載するウェブサイト

　電子提供措置事項を掲載するウェブサイトは、原則として自社のウェブ
サイトが想定されているが、自社のウェブサイトであることが要件とされ
るわけではないので、自社以外のウェブサイトであっても差し支えない。
さらに、電子提供措置事項を掲載するウェブサイトは一つに限定されるわ
けでもないので、中断が生じるリスクを軽減することを目的として、複数
のウェブサイトにそれぞれ掲載することもできる。

【図表2‐Ⅲ‐16】株主総会の3週間前の日に掲載する場合
**　　　　　　　　（招集通知を発する日が3週間以内）**

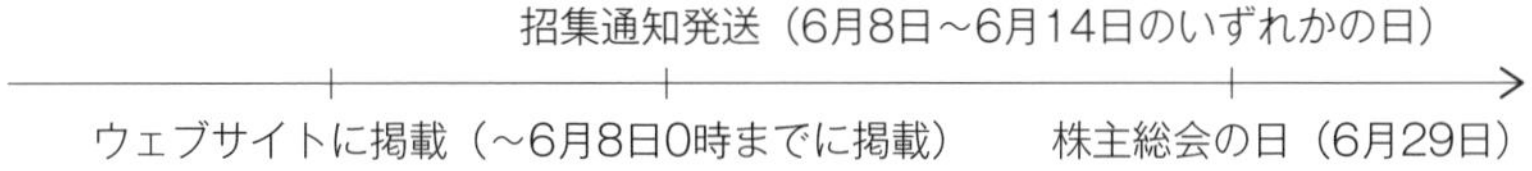

　　　　　　　　　　　招集通知発送（6月8日～6月14日のいずれかの日）

ウェブサイトに掲載（～6月8日0時までに掲載）　　株主総会の日（6月29日）

【図表2‐Ⅲ‐17】招集通知発送日に掲載する場合
**　　　　　　　　（招集通知を発する日が3週間前の日より前）**

　　　　　招集通知発送（～6月7日）

ウェブサイトに掲載（～招集通知発送日0時までに掲載）　株主総会の日（6月29日）

　また、電子提供措置事項は、株主が閲覧できればよいので、株主に対して ID やパスワードを発行し、これらを用いてログインした場合に閲覧できるようにしてもかまわない。ただし、現在でも、招集通知は証券取引所で広く投資家の公衆縦覧に供されているので、株主のみが閲覧できるように限定する必要は乏しいと思われる。

　この証券取引所のウェブサイトは、自社ウェブサイトのサーバダウン等に備える意味で、実務界からバックアップサイトとしての利用を望む声がある。具体的な利用方法については、東京証券取引所が検討中であり、今後、検討結果の公表が待たれるところである。

　なお、議決権行使書面も電子提供する場合には、議決権行使書面の記載事項である株主の氏名や議決権数が誰でも閲覧できる状態となるのは問題であることから、株主本人のみが閲覧できるよう、ID・パスワードを設定することが必要となる。

(2) 電子提供措置開始日

　ウェブサイトへの掲載開始時期は、株主総会の3週間前の日または招集通知を発した日のいずれか早い日とされている。

　招集通知の発送が株主総会の3週間以内の日の場合、ウェブサイトへの掲載開始時期は、株主総会の3週間前の日ということになる。民法140条により、午前0時に掲載を開始すれば期間の初日を算入できることから、

株主総会が6月29日に開催されるとすると、3週間前の日は6月8日となり、6月8日午前0時よりウェブサイトに掲載されていなければならない（**図表2-Ⅲ-16**参照）。午前0時丁度に掲載してもよいし、あらかじめ前日中に掲載することでもよいであろう。

　次に、招集通知の発送が株主総会の3週間前の日より前の場合、ウェブサイトへの掲載開始時期は招集通知を発した日ということになる。招集通知の発送日が6月7日であれば、6月7日午前0時よりウェブサイトに掲載しなければならないと考えられる（**図表2-Ⅲ-17**参照）。ウェブサイトに掲載した後に招集通知を発送することになる点に留意が必要である。

(3)　早期開示

　ウェブサイトへの掲載開始時期は、株主総会の3週間前の日または招集通知を発した日のいずれか早い日であるが、部会の審議過程では、株主総会の4週間前の日までにウェブサイトに掲載することを推す意見も有力であった。

　このため、会社法制（企業統治等関係）の見直しに関する要綱の附帯決議で、証券取引所の規則において、上場会社は、株主による議案の十分な検討期間を確保するために電子提供措置を株主総会の日の3週間前よりも早期に開始するよう努める旨の規律を設ける必要があるとされている。当該附帯決議を受け、東京証券取引所は、2021年3月1日付で株主総会の日の3週間前よりも早期に招集通知を電磁的方法により開示するよう努力義務を定めている。

(4)　電子提供措置事項の修正

　ウェブサイトに掲載した電子提供措置事項を修正したときは、修正した旨および修正前の事項をウェブサイトに掲載しなくてはならない（325条の3第1項7号）。これは、いわゆるウェブ修正と同様の措置が電子提供制度のもとでも利用できることを意味する。ただし、ウェブ修正では、株主の手元に送付されている招集通知（修正前の書面）に対して、修正内容を示す電子ファイル（PDFファイル）を自社ウェブサイト等に掲載して修正を周知しているが、電子提供制度では、ウェブサイトに掲載した電子ファ

【図表2‐Ⅲ‐18】電子提供措置事項一部訂正のお知らせ

○年○月○日

各位

会社名　○○○○株式会社

代表者名　代表取締役　○○　○○

　「第○期定時株主総会招集ご通知」の一部訂正に関するお知らせ

　「第○期定時株主総会招集ご通知」の記載内容の一部に訂正すべき事項がありましたので、記載内容を訂正いたしました。

　訂正内容は下記のとおりです。

記

【訂正内容】

事業報告　1．株式会社の現況に関する事項　(1)事業の経過及びその成果

　（訂正前）

　　・・・・・・・・・・・

　（訂正後）

以上

イル（PDFファイル）を修正（修正後の内容の電子ファイルに差替え）するとともに、修正内容を示す電子ファイル（PDFファイル）をウェブサイトに掲載することになる。当該電子ファイルには、修正した旨および修正前の事項を記載すれば足りる（325条の3第1項7号）が、分かりやすさを考えれば、修正した旨および修正前・修正後の事項（正誤表等）を記載するのが望ましいであろう（**図表2‐Ⅲ‐18**参照）。

　招集通知発送後に電子提供措置事項が修正された場合、修正事項が交付書面に記載されたものであるときは、修正事項を記載した書面を書面交付請求した株主に対して追加交付する必要があるものと考えられる。この点については、電子提供制度の下でもウェブ修正（会社法施行規則65条3項、133条6項、会社計算規則133条7項、134条7項）を採用することができるので、招集通知とあわせて修正後の事項はウェブサイトに掲載する方法により周知する旨を通知しておけば書面の追加交付を回避することができる。

　また、ウェブ修正と同様に、電子提供措置事項の修正は無制限に許され

るわけではないと考えられる。ウェブ修正は、基本的には軽微な誤記等の修正を周知するためのものであり、議案の内容変更等の重大な修正は認められないと解されている。電子提供制度のもとで修正できる範囲はウェブ修正と異なるものではないと考えられる。

なお、議題の追加や議案の修正との関係でいうと、現在は招集通知の発送期限（株主総会日の2週間前）までに株主に通知する（招集通知を出し直す）ことができれば、議題の追加や議案の修正は可能であるが、電子提供制度のもとでは、電子提供措置事項のウェブサイトへの掲載後、株主総会日の3週間前または招集通知発送日のいずれか早い日（電子提供措置開始日）までであれば、議題の追加や議案の修正を行うことは可能と考えるべきであろう（以上について、**コラム1-Ⅳ-2**も参照されたい）。

(5)　中断の定め

株主総会資料は、株主総会の3週間前の日または招集通知を発した日のいずれか早い日から株主総会の日後3か月を経過する日までの間（電子提供措置期間）、継続してウェブサイトに掲載（電子提供措置）しなければならない。この間に電子提供措置の中断が生じた場合（サーバダウン等が生じて株主が電子提供措置事項を閲覧できなくなった場合やハッカー等により電子提供措置事項の内容が改ざんされてしまった場合）、招集手続の法令違反（831条1項1号）に該当し、株主総会の決議の取消事由の可能性が生じる。

この点について、電子提供措置の中断が生じた場合であっても、一定の要件を満たせば電子提供措置の効力が維持され、株主総会の決議取消事由に当たらないとするセーフ・ハーバー・ルールが手当されている。このセーフ・ハーバー・ルールは、電子公告に準じて導入されているが、株主総会前後の電子提供措置の中断を比べてみると、株主総会前の中断がより株主に大きな影響を与えることになるため、電子提供措置期間全体の中断期間の要件に加えて、株主総会前の中断期間の要件が付加されている点が特徴的である。

セーフ・ハーバー・ルールについて、電子提供措置の中断期間の要件の適用にあたっては、電子提供措置開始日（株主総会の3週間前の日または招

【図表 2 - Ⅲ - 19】セーフ・ハーバー・ルールの概要と相違点

電子公告制度	電子提供制度
（ア）会社が善意でかつ重大な過失がないことまたは正当な事由があること	（ア）会社が善意でかつ重大な過失がないことまたは正当な事由があること
（イ）中断が生じた時間の合計が公告期間の 10 分の 1 を超えないこと	（イ）中断が生じた時間の合計が電子提供措置期間の 10 分の 1 を超えないこと
―	（ウ）株主総会の日までに中断が生じたときは、株主総会の日までに中断が生じた時間の合計が当該期間の 10 分の 1 を超えないこと
（ウ）中断が生じたことを知った後速やかにその旨、中断が生じた時間および中断の内容について当該公告に付して公告したこと	（エ）中断が生じたことを知った後速やかにその旨、中断が生じた時間および中断の内容について当該電子提供措置事項に付して電子提供措置をとったこと

集通知を発した日のいずれか早い日）の前に早期開示している期間があっても、この期間は電子提供措置期間や電子提供措置開始日から株主総会の日までの期間に含まれないことに留意が必要である。早期開示の期間はあくまで任意で開示している期間であるため、セーフ・ハーバー・ルールの適用上は電子提供措置期間として勘案されることはない。

　次に、セーフ・ハーバー・ルールの要件として、電子提供措置の中断が生じたことを知った後速やかに、中断が生じた旨と中断時間、中断の内容について、電子提供措置を行っているウェブサイトに掲載することが必要とされている。この追加電子提供措置については、電子公告の中断についての実務対応を参考にすることができる（電子公告の中断に際しての追加電子公告を参考にした追加電子提供措置について、**図表 2 - Ⅲ - 20** を参照）。

　なお、セーフ・ハーバー・ルールの要件が満たされない場合、株主総会開催前の電子提供措置の中断であれば、株主総会の決議の取消事由に該当し得るが、株主総会開催後の電子提供措置の中断であれば、決議取消事由に該当することはないと解される。また、サーバダウンによる株主総会開催前の電子提供措置の中断で、セーフ・ハーバー・ルールの要件が満たさ

【図表2-Ⅲ-20】電子提供措置の中断についての追加電子提供措置の記載例

中断の生じた時間	中断の内容
○年○月○日午前○時○分から ○年○月○日午後○時○分まで	データセンターの電源設備障害により、電子提供措置の中断が発生

れない場合であっても、会社が用意したバックアップサイトでの株主総会資料の掲載に問題がなく、かつ、招集通知でバックアップサイトでも電子提供措置を行っている旨を案内しているようなときは、決議取消訴訟が提起されても裁量棄却される可能性が高いと思われる（以上について、**第1部Ⅳの2および3**も参照されたい）。

⑹　EDINETの特例

　金商法24条1項により有価証券報告書の提出を要する会社は、電子提供措置開始日までに電子提供措置事項に記載すべき事項（定時株主総会に係るものに限り、議決権行使書面に記載すべき事項を除く）を添付した有価証券報告書を、EDINETを通じて提出するときは、電子提供措置をとることを要しない（325条の3第3項）。EDINETを通じて提出すれば、電子提供措置をとらなくてもよいので、電子提供措置の中断というリスクを回避することができる。ただし、当該規定を適用するためには、株主総会の3週間前の日または招集通知を発した日のいずれか早い日までに電子提供措置事項に記載すべき事項を添付した有価証券報告書を提出しなくてはならない。

　「株主総会白書2019年版」によると、有価証券報告書を株主総会前に提出している会社の比率は2.4％（前年比0.4ポイント増）、株主総会の10日以上前に提出している会社は0.2％にすぎない[9]。決算日を議決権基準日として決算期後3か月以内に定時株主総会を開催する会社がほとんどである

---

9)　商事法務研究会編「株主総会白書2020年版」旬刊商事法務2256号（2021）166頁以下では、有価証券報告書を株主総会前に提出している会社の比率は3.8％（前年比1.4ポイント増）、株主総会の10日以上前に提出している会社は0.5％に増加しているが、コロナ禍での決算・監査業務遅延により株主総会の開催を延期した会社が一定数含まれている点を割り引く必要がある。

【図表 2 - Ⅲ - 21】3 月決算会社が議決権基準日を 4 月末として定時株主総会を開催する場合のスケジュール

	内　容	備　考
3 月末	決算日、配当基準日	取締役会決議で配当可能なことを前提
4 月末	議決権基準日	
5 月中旬	決算発表	
6 月中旬	取締役会（定時株主総会招集、配当決議）	
6 月下旬	有価証券報告書提出（株主総会資料添付）	
6 月下旬	招集通知発送	
6 月下旬	配当金支払開始	配当関係書類は招集通知同封
7 月下旬	定時株主総会開催	

　ことから、当面は、株主総会の日の 3 週間以上前に株主総会資料を有価証券報告書に添付して EDINET を通じて提出する会社が増えるとは考えにくい。

　一方で、議決権基準日を柔軟に設定して、議決権基準日を決算日以外の日とし、決算期後 3 か月以上経過後に株主総会を開催する会社が現れ始めており、そのような会社では、株主総会の日の 3 週間以上前に電子提供措置事項を有価証券報告書に添付して EDINET を通じて提出することも現実味を帯びてくる。例えば、3 月決算会社が 4 月末を議決権基準日にして株主総会を 7 月末に開催する場合、電子提供措置事項の作成が 6 月末までに間に合えば、電子提供措置事項を有価証券報告書に添付して EDINET を通じて提出することができ、無理なく対応可能なように思われる。ただし、株主が電子提供措置事項を閲覧するのに、EDINET での検索の手間が生じてしまうことから、自社ウェブサイトに任意に電子提供措置事項を掲載する（任意の電子提供措置）ことは行われるものと思われる。そのように考えると、EDINET での開示は、電子提供措置の中断というリスクを回避する手続という意味を持つにすぎないともいえるであろう。

　なお、電子提供措置事項を EDINET で開示した会社が、電子提供措置事項を修正する場合は、訂正有価証券報告書を提出する方法により行うこ

とが必要になると考えられる点には留意が必要である。

5　招集通知の発送

(1)　招集通知の発送期限

招集通知は株主総会の2週間前の日までに発送すればよい（325条の4第1項）。この点は、改正による影響がない。改正後は書面の印刷・封入等の工程が減少するため、より早期発送に取り組みやすくなり、招集通知の早期発送が期待できるであろう。

ただし、(2)のとおり、株主向け発送物が少なくとも2パターンに分かれることから、封入発送事務の負荷が増えるので、この点は早期発送の阻害要因になるかもしれない。

(2)　招集通知の同封物

招集通知の記載事項は、株主がウェブサイトにアクセスすることを促すために重要な事項に限定される。このため、はがきの裏面に必要事項を記載して、はがき形式で招集通知を送付することや圧着はがきを用いることも不可能ではないと思われる。ただし、議決権行使比率の低下を回避するため、議決権行使書面は引き続き書面で交付することになるであろうから、チラシ1枚程度の招集通知と議決権行使書面を封入した封書形式の招集通知を送付することになると考えられる[10]。

また、書面交付請求した株主には、交付書面も同封する必要がある。つまり、書面交付請求の有無によって、送付すべき書類が異なることになるので、少なくとも2パターンの送付物を封入・発送することとなる（**図表2-Ⅲ-22**参照）。

---

10)　このほか、現在の実務では、株主が議決権行使書返送時に用いる記載面保護シール（いわゆる目隠しシール）を一般に同封している。なお、記載面保護シールを同封する慣行については、紙資源の節約の観点等から、将来的には再考の余地があると思われる。

【図表 2 - Ⅲ - 22】招集通知の発送

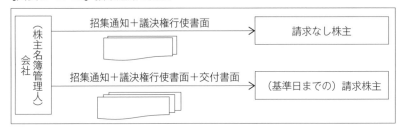

(3)　その他の同封物

　招集通知に際して、会社が任意の書類を同封することは差し支えない。

　例えば、書面交付請求をしていない株主に対して電子提供措置事項のサマリーを同封することなどが考えられる。ただし、招集通知は、株主に対して、ウェブサイトに掲載された電子提供措置事項の閲覧を促す役割を持つものであるから、電子提供措置事項のサマリーを交付することによって、株主がウェブサイトを閲覧することなく、当該サマリーのみを参照して議決権を行使することになると本末転倒ということにもなる。電子提供措置事項のサマリーを交付する場合、ウェブサイトに掲載された電子提供措置事項の閲覧を促すような内容となるよう留意が必要である[11]。

　なお、現在も実務で行われている配当関係書類の同封、株主優待関係書類の同封、議決権行使のお願いチラシの同封、マイナンバー届出のお願いチラシの同封等は、電子提供制度のもとでも引き続き行われるものと考えられる。後述の異議申述に係る通知・催告書等を同封することも考えられる（**図表 2 - Ⅲ - 24、25** 参照）。

---

11)　書面交付請求の有無にかかわらず、交付書面を全株主に送付（いわゆるフルセット・デリバリー）することも考えられるが、電子提供制度の導入によって期待される、より早期の電子提供措置事項の提供、それに伴う株主の議案検討期間の確保、さらには、より充実した内容の電子提供措置事項の提供が、フルセット・デリバリーの採用で妨げられはしないか、慎重に検討する必要がある。

6　事前の議決権行使

　電子提供制度の導入に伴って、株主の議決権行使に関する会社法上の規定に変更は加えられていない。上場規則で採用が義務付けられている書面投票制度に加えて、各社の裁量で電子投票制度を付加的に採用することができるという現在の構図が変化することも当面はないと思われる[12]。

　ただし、電子提供制度の導入に伴って、電子投票制度を採用する会社の増加や電子投票制度採用会社での電子投票率の増加といった影響は相当程度あると思われる。電子提供制度のもとで、株主はウェブサイト上の電子提供措置事項を閲覧することになるが、閲覧に際してあわせて電子投票もできると便利だからである（I 2(2)参照）。

　なお、議決権行使書面の電子提供が行われることになると、株主は電子提供された議決権行使書面に記載すべき事項をプリントアウトし、会社に送付することで議決権行使が可能となる。つまり、議決権行使書面の電子提供を行うと、議決権行使期間が電子提供時からスタートする余地もあることになる。ただし、議決権行使書面に記載すべき事項を本人以外の他の者が閲覧できるのは問題であるため、株主ごとにID・パスワードを設定する必要があり、当該ID・パスワードを株主に通知する方法は招集通知に際して通知するのが当面は現実的であることから、議決権行使期間の始期は現在と変わることはなく、招集通知の発送を起点とすることになろう。

7　株主総会の運営

　電子提供制度の導入に伴って、株主総会の運営に係る規律は変更されていない。ただし、このことは、電子提供制度の導入によって株主総会の運営に変化が生じないことを意味するものではない。

---

[12]　将来的に書面交付請求権の排除等が許容される程度にデジタル・デバイドの問題が解消されることになれば、書面投票制度と電子投票制度の立ち位置が逆転し、電子投票制度が義務付けられ、書面投票制度が任意になることも考えられる。

　会社法は、議長に秩序維持権や議事整理権（315条1項）、退場命令権（同条2項）を与え、議長の判断で株主総会が運営できる枠組みを採用している。このため、時代の変化等に応じて、適法かつ効率的な議事運営に資すると議長が判断するものは、適宜、議事運営に取り入れられていくこととなる。

　こうした観点から、電子提供制度の導入後は、現在よく行われている総会場での予備の招集通知等の備置の取り止め（Ⅰ2(2)②参照）、議長シナリオでの「お手元の招集ご通知○頁に記載の…」といった言い回しの取り止めや、さらなるビジュアル化の活用（Ⅰ2(2)③参照）、ハイブリッド型バーチャル株主総会の活用（Ⅰ2(2)④参照）といった運営面での変化が生じるものとみられる。

　ハイブリッド出席型バーチャル株主総会を採用する会社が増加すると、当日のリアルな株主総会の運営についても影響が生じる可能性がある。例えば、株主の質問を議長の指名後に発言によって行うのではなく、質問の内容をポータルサイト等で事前に提出させる方法で行うこととしたり、議場での採決も拍手等の簡便な方法ではなく、端末を用いた投票等によりバーチャル出席株主と同様に賛否をカウントしたりするようになるかもしれない。

8　株主総会後の事務

　株主総会後の事務についても、電子提供制度の導入により直接の影響を受けるものはない。ただし、電子提供制度の導入の狙いである会社の印刷や郵送のための時間・費用の削減、より早期に充実した内容の情報提供を可能とする観点からは、現在の実務で株主総会終了後に株主あてに送付している決議通知や事業報告書等の書面を電子化することが考えられる。電子提供措置事項の提供とパラレルに考えれば、現行実務で株主総会後に株主あてに送付している決議通知や事業報告書等について、総会終了後、自社ウェブサイトに掲載し、株主あてには、決議通知や事業報告書等を自社ウェブサイトに掲載した旨の通知書面（はがきでの送付も可）を送付することが考えられる 13)。総会後に遅滞なく自社ウェブサイトに掲載するの

であれば、掲載されるタイミングもおおよそ予想がつくため、通知書面の送付も不要かもしれない[14]。

　また、決議通知や事業報告書等に加えて、総会当日の模様の動画（オンデマンド配信）、総会当日に用いた報告事項の報告等のビジュアル資料や動画、質疑応答の概要に関する記録等を自社ウェブサイトに掲載することも考えられる（Ⅰ2(1)④参照）。

9　書面交付終了の異議申述手続

(1)　異議申述手続の概要・意義

　書面交付請求をした株主について、会社は、書面交付請求の日（または前回の書面交付終了の異議申述手続において異議を述べた場合は当該異議を述べた日）から1年を経過したときは、当該株主に対し、書面の交付を終了する旨を通知し、かつ、これに異議がある場合には催告期間（1か月以上）内に異議を述べるべき旨を催告することができる（325条の5第4項。以下、「異議申述手続」とする）。当該通知・催告を受けた株主が、催告期間内に異議を述べなかった場合、当該株主の書面交付請求は、催告期間を経過した時に効力を失う（同条5項）。

　書面交付請求の効力に期限はなく、一度請求がなされると株主から撤回がなされない限り書面の送付を継続することとなり、書面交付請求の累積によって電子提供制度の趣旨が没却されることを防ぐ趣旨で書面交付終了の異議申述手続が導入されている。したがって、書面交付請求する株主が少数にとどまる場合等には、必ずしも当該手続を実施する必要はない。

　また、異議申述手続は、書面交付請求の日から1年を経過した株主が生

---

13)　事業報告書等は、単元未満株主に招集通知（事業報告、計算書類等）が送付されないところから、単元未満株主に対しても会社の経営成績等の情報を提供する目的で送付する実務が形成されてきた経緯がある。この点を勘案すると、単元未満株主も会社のウェブサイトで電子提供措置事項を閲覧することは可能なので、別途、事業報告書等を作成する意義は薄れてきており、この際、作成自体を取りやめる余地もある。

14)　株主総会終了後に配当関係書類の送付が必要な場合は、株主あて送付物をなくしてしまうことができないので、分量が少ない決議通知は引き続き書面を作成し、配当関係書類と同封のうえ株主あてに送付することも多いと思われる。

【図表2-Ⅲ-23】異議申述手続の流れ（フロー図）

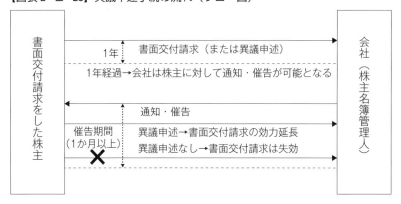

じる都度、個別に実施する必要はなく、要件を満たした株主を一定時点で
とりまとめて手続を行うことでよい。

(2)　異議申述手続の流れ

異議申述手続のフローは**図表2-Ⅲ-23**のとおりである。

以下、各手続の概略について説明する。

①　対象株主の確定

書面交付請求があった場合、会社の株主名簿管理人は、請求受付日を証
券代行システムに登録し、管理することになる。また、株主名簿管理人
は、議決権基準日時点での株主名簿を確定するに際して、電子提供措置事
項を記載した書面の印刷手配のため、書面交付請求株主の数も確定し、会
社に報告することとなる。

会社は、毎年、定期的に報告される書面交付請求株主数も踏まえて、異
議申述手続を実施するかどうか検討し、実施する場合は、あらためて株主
名簿管理人から異議申述手続の対象株主数の連携を受けることとなる。

異議申述手続の対象株主は書面交付請求の日（または前回の書面交付終了
の異議申述手続において異議を述べた場合は当該異議を述べた日）から1年を
経過した株主であるが、当該株主全員を対象とせず、直近の招集通知が返
戻となった株主、あるいは、直近の株主総会で議決権を行使しなかった株

【図表 2 - Ⅲ - 24】通知・催告書の例

○年○月○日

書面交付請求をされた株主の皆様へ

東京都○○区○○○丁目○番○号

○○○○株式会社

代表取締役　○○　○○

　　会社法 325 条の 5 第 4 項に基づく通知・催告のご送付について

拝啓　平素は格別のご高配を賜り厚く御礼申しあげます。

　さて、当社は、会社法 325 条の 5 第 1 項に基づく書面交付請求をされた株主の皆様のうち、書面交付請求または同条第 5 項に基づく異議申述を行った日から 1 年が経過している株主の皆様について、同条第 4 項に基づき書面交付を終了することといたしますので、この旨ご通知申しあげます。

　つきましては、書面交付の終了について異議がある株主様は、別紙の異議申述書にご押印のうえ、○年○月○日までに当社株主名簿管理人に到達するよう、ご返送願います。

　○年○月○日までに異議申述がなされた場合は、引き続き書面交付を継続いたしますが、異議申述がなされない場合は書面交付を終了することとなりますので、何卒ご了承くださいますようお願いいたします。

敬具

〔図表 2 - Ⅲ - 25〕異議申述書の例

○年○月○日

○○○○株式会社宛て

東京都○○区○○○丁目○番○号

○○○○　　　印

異議申述書

　私は、貴社より送付された○年○月○日付「会社法 325 条の 5 第 4 項に基づく通知・催告のご送付について」に対し、会社法 325 条の 5 第 5 項に基づく異議を申し述べます。

　つきましては、今後も引き続き書面交付を継続されるようお取り計らいください。

以上

※　押印は不要とすることも考えられる。

主に限定して異議申述手続を行うことなども考えられる。

②　通知・催告の送付

会社は対象株主に対して、通知・催告を書面により送付する。あわせて対象株主の住所・氏名があらかじめ記載された異議申述書を任意に同封することが考えられる。

通知・催告を受け取った対象株主が異議を申し述べるときは、異議申述書を株主名簿管理人宛に返送することが想定される。あらかじめ異議申述書を同封するのは、株主の利便性への配慮と本人確認を簡便に済ませるためである（本人確認の考え方については１⑵①参照）。

なお、催告期間内に異議申述が行われない場合、書面交付請求は失効するが、当該株主があらためて書面交付請求をすることは可能である。この観点から、催告期間経過後に返送された異議申述書によって、書面交付請求が改めて行われたと整理することは可能である。このような取扱いとする場合は、異議申述書のタイトルを「異議申述書兼書面交付請求書」とすることも考えられる。

一方、通知・催告を簡便な方法で行う場合には、形式的に別個独立した通知・催告を個別に送ることまでは要求されていないため、株主に対して送付する招集通知（交付書面）に通知・催告文言を記載する方法も考えられる。この場合には、自分に対する通知・催告であることと自分が宛先・名宛人になっていることがわかるよう、日付を記載して、いつまでに書面交付請求権を行使した株主が今回の通知・催告の対象かを記載することも考えられる[15]。このような方法をとる場合には、異議申述書の同封をするか否か、また、招集通知に同封される議決権行使書面への他事記載が増加する可能性もあることから、異議申述の実務対応をどのように行うのか、慎重な検討が必要になると思われる（あわせて**図表２-Ⅲ-26**も参照されたい）。

---

[15]　座談会87頁（神田発言）参照。

【図表2-Ⅲ-26】異議申述手続を行うタイミングと留意点等

	招集通知同封	決議通知同封	中間事報同封	単独発送
手続コスト	単独発送よりはコストが少ない	単独発送よりはコストが少ない	単独発送よりはコストが少ない	新たな郵送コストがかかる
発送物	発送パターンは3種類（＊1）	発送パターンは2種類（＊2）	発送パターンは2種類（＊2）	発送パターンは1種類
留意点	・他の書類に紛れて、株主が気付かない可能性がある。 ・議決権行使書への他事記載が発生し得る。	・他の書類に紛れて、株主が気付かない可能性がある。 ・株主アンケートはがき等への他事記載が発生し得る。	・他の書類に紛れて、株主が気付かない可能性がある。 ・株主アンケートはがき等への他事記載が発生し得る。	・他の書類に紛れることはないので、株主にとってはわかりやすい。

＊1　招集通知（議決権行使書面を含む。以下同じ）、招集通知＋交付書面、招集通知＋交付書面＋通知・催告書（異議申述書を含む。以下同じ）

＊2　決議通知（または中間事業報告書。配当金関係書類を含む。以下同じ）、決議通知＋通知・催告書

③　異議申述書の受理、書面交付請求の失効

　催告期間内に、所定の異議申述書が株主名簿管理人に送付されたときは、325条の5第5項に基づく異議があったものと取扱い、株主名簿管理人はその到達日を異議申出日として証券代行システムに登録し、管理する。

　私製の異議申述書が株主名簿管理人に送付されたときの取扱いについては検討を要する。異議申述の効果は、書面交付請求と同様であることから、私製用紙による書面交付請求の場合とパラレルに取り扱うことが考えられ、今後検討が必要となる（1(2)①参照）。一方で、会社が異議申述書を同封して送付している場合には、私製用紙による請求を認めなくても株主には不利益があるわけではなく、これを排除することも問題はないと考えられる。会社が送付する通知・催告書で同封の異議申述書の返送によってのみ異議申し述べができる旨を記載することも考えられる。

　催告期間内に異議申し述べがなされないときは、異議申し述べがなかった株主の書面交付請求は失効する。株主名簿管理人は書面交付請求の失効

を証券代行システムに登録することとなる。

⑶　異議申述手続を行うタイミング

　異議申述手続を行うタイミングについてはいくつかの選択肢がある。手続に係るコストや株主にとっての分かりやすさ等にも留意して決定することになると思われる。

　例えば、同封物が多い場合は、他の書類に紛れて、通知・催告書等を見逃してしまう可能性がある。また、招集通知に同封する場合、異議申述書を同封していても、これを用いずに議決権行使書面の余白を用いて異議を申し述べる株主が出る可能性がある（いわゆる議決権行使書への他事記載）。通知・催告書に、異議を申し述べる場合は同封の異議申述書によるものとし、議決権行使書への他事記載は認めない旨、注意喚起することが考えられる。決議通知同封や中間事業報告書同封の場合も、株主アンケート回答はがきや株主優待申込書等の会社宛て返信物がある場合にはその他事記載が生じる可能性がある。

Ⅳ　電子提供制度導入に伴う対応、検討事項

1　電子投票の採用

　Ⅰ 2 (2)で述べたとおり、電子提供制度のもとでは、株主はウェブサイトに掲載された電子提供措置事項を閲覧することとなり、ウェブサイトで電子提供措置事項を閲覧した株主は、電子投票が採用されていれば、電子投票用のプラットフォームに遷移して議決権行使ができると便利である。ID・パスワードの入力が不要となる二次元バーコードの活用も進んでいることから、電子提供制度導入後は、上場会社が、個人株主の電子投票を念頭において、電子投票を採用する動きが一般化するとみられる（最近の状況はⅠ 2 (2)①参照）。

2　柔軟な基準日の設定（議決権行使基準日の変更）

　2020 年 3 月決算会社において、新型コロナウイルス感染症の拡大に伴う世界的な外出自粛やロックダウンにより、決算・監査業務が遅延し、6月総会が実施できなくなる懸念が生じたのは記憶に新しいところである。この経験も踏まえて、あらためて、3 月決算会社が決算日以外の日を基準日に設定し、7 月に定時株主総会を開催する（7 月総会）など、柔軟な基準日の設定を求める声が聞かれるようになった。

⑴　議決権基準日を決算日とする慣例の形成

　わが国にはもともと、決算日現在の株主が定時株主総会で議決権を行使し、配当も受領するという考え方が存在していた。旧商法で計算書類の一

つである利益処分案を株主総会で承認することによって配当を行っていたのも、そうした考え方が反映されているものと思われる。

　次に、株主総会で議決権を行使する株主の確定方法は、昭和25年商法改正により株主名簿の閉鎖制度と基準日制度が導入されている。ただし、それ以前から定款に定めて株主名簿の閉鎖を行うことが実務慣行であったこともあり、基準日制度は用いられず、決算日の翌日から定時株主総会開催日まで株主名簿を閉鎖して、決算日の株主と定時株主総会開催日の株主とを一致させ、議決権を有する株主を確定するという実務が形成されていた。

　その後、名義書換事務の機械化が進み、株主名簿閉鎖期間を短縮できるようになったことから、基準日制度と株主名簿閉鎖制度を併用し、議決権基準日を決算日としつつ株主名簿閉鎖期間を1か月に短縮することが一般化し、その後のコンピュータ技術の進歩により、株主名簿を閉鎖せず、基準日制度のみで株主名簿を確定することができるようになった。

　こうした経緯で、長い年月をかけて議決権基準日を決算日とする慣例が形成されてきたと考えられる。

(2)　定款で基準日を定めることの効果

　定款に議決権基準日が定められていることから、会社は、基準日公告を行う必要もなく（124条3項ただし書）、電子公告調査の費用もかからないし、何よりも株主や投資家にとって基準日がいつなのか分かりやすいという効果もある。2020年のコロナ禍のように、株主総会の開催が危ぶまれるような事態が生じると、定款に基準日を定めず、株主総会開催の見通しが立った時点で基準日を定めて株主総会を招集することの柔軟性にあらためて気が付くものの、平時を前提に考えると、あらかじめ定款で基準日を定めておくのは合理的である。

(3)　決算日を基準日とすることの合理性

　前述のとおり、わが国にはもともと、決算日現在の株主が定時株主総会で議決権を行使し、配当も受領するという考え方が存在していた。

　しかし、会社法のもとでは、配当は以前のような「利益の配当」ではな

く「剰余金の配当」と整理され、事業年度中に何回でも実施できるように
なり (453 条)、「日割配当」という概念もなくなっている。したがって、
決算日現在の株主が定時株主総会で議決権を行使し、配当も受領するとい
う考え方は妥当しなくなっている。決算日を議決権基準日や配当基準日と
することの合理性はなくなったということができる。

(4)　柔軟な基準日設定のインセンティブ

　一方で、決算日を議決権基準日や配当基準日とすることに合理性がない
からといって、会社が定款変更して柔軟な基準日設定を行うかというと、
そう単純な話でもない。

　まず、柔軟な基準日設定を行ううえで障害はないのかという点は、政府
によって一通りの手当て[1]がなされており、残された課題はないと考えて
よいであろう。

　問題は、会社に柔軟な基準日設定を行うインセンティブがあるのかとい
う点である。

　柔軟な基準日設定により得られる便益は、会社にとっては、株主総会の
準備をゆっくり行うことができることであろう。2020 年のコロナ禍のよ
うに決算・監査業務の遅延が生じても、決算日から株主総会の開催時期ま
での期間が以前よりも長くなっていれば、決算・監査業務の遅延が吸収可
能で、当初予定した時期に株主総会を開催できる蓋然性が高い。ただし、
このような効果が実感できる機会は限定的である。平時を前提にした実務
感覚からは、多少のバタバタはあったとしても、決算日から 3 か月以内に
株主総会を終えてしまった方が、四半期開示など、担当する別の業務に専
念できるので、柔軟な基準日設定を前向きに検討する気になれないという
声も多い。

　次に、株主にとっての便益は、招集通知の開示から株主総会までの期間

---

1)　例えば、決算期から 3 か月を超えて定時株主総会を開催して計算書類の承認をする
　場合に法人税申告期限の延長ができるやむを得ない事情に該当することが明確化され
　たことや、事業報告の大株主の状況を基準日現在で記載することが許容された（会社
　法施行規則 122 条 2 項）ことで、議決権および配当基準日を同じ日に設定する限りは
　株主確定コストが増加しないようになっている。

が長くなり、十分な議案検討期間が確保できることにある。十分な議案検討期間の確保については、CG コード補充原則 1-2 ②により、招集通知の早期発送や発送前開示が要請されていることから、各社とも自主的な取組みを既に進めているところである。しかしながら、決算日から 3 か月以内に株主総会を開催する現在のスケジュールでは、議案検討期間の確保に限界があるのも事実であり、柔軟な基準日設定を行い、さらなる議案検討期間の確保を行うことは考えられる。現在の議案検討期間で十分かどうかは、上場会社側では判断しにくいところなので、企業と投資家の建設的な対話の一環として、必要に応じて、株主側から各上場会社に対し、さらなる議案検討期間の確保を働きかけることが肝要と考える[2][3]。

(5)　電子提供制度と柔軟な基準日の設定

　電子提供制度導入によって、株主総会準備のスケジュール等が大きく変更されることはないため、電子提供制度そのものが柔軟な基準日設定に影響を与えることはないと考えられる。ただし、電子提供措置開始日までに電子提供措置事項（定時株主総会に係るものに限り、議決権行使書面に記載すべき事項を除く）を添付した有価証券報告書を、EDINET を通じて提出することが可能（EDINET の特例）となっているため、これを活用する上場会社では柔軟な基準日設定が用いられそうである（Ⅲ 4 (6)参照）。例えば、3 月決算会社が 4 月末を議決権基準日にして株主総会を 7 月末に開催する場合、電子提供措置事項の作成が 6 月末までに間に合えば、株主総会資料を有価証券報告書に添付して EDINET を通じて提出することができ、無理なく対応可能なように思われる（**図表 2 -Ⅳ- 1**参照）。

　また、別の観点から考えると、柔軟な基準日を設定し、電子提供措置事項を EDINET を通じて提出する場合、事業報告と有価証券報告書作成時

---

2)　例えば、機関投資家の議決権行使判断基準に、議案検討期間の確保に関する基準を設けることも考えられる。そうすることによって、さらなる議案検討期間の確保が今後取り組むべき課題であることを経営層が認識しやすくなるように思われる。

3)　2021 年 6 月 11 日に改訂された「投資家と企業の対話ガイドライン」では、ガバナンス上の個別課題として「株主総会の在り方」が盛り込まれ、十分な議案検討期間の確保や有価証券報告書の総会前提出、株主総会関連日程の適切な設定等について、機関投資家と企業との間で建設的な対話を行なうことが期待されている。

【図表 2-Ⅳ-1】3 月決算会社が議決権基準日を 4 月末として定時株主総会を開催する場合のスケジュール

	内　容	備　考
3 月末	決算日、配当基準日	取締役会決議で配当可能なことを前提
4 月末	議決権基準日	
5 月中旬	決算発表	
6 月中旬	取締役会（定時株主総会招集、配当決議）	
6 月下旬	有価証券報告書提出（株主総会資料添付）	
6 月下旬	招集通知発送	
6 月下旬	配当金支払開始	配当関係書類は招集通知同封
7 月下旬	定時株主総会開催	

　期がほぼ重なることになる。**図表 2-Ⅳ-1** のスケジュールでは、決算発表を行う 5 月中旬を中心に、その前後 1 か月程度で事業報告と有価証券報告書を作成することになると思われる。作成時期が同じであれば、事業報告等と有価証券報告書の一体的開示を行うことが考えられる。柔軟な基準日設定と事業報告等と有価証券報告書の一体的開示をセットで捉え、このような取組みが可能であることを啓蒙することも有用と思われる。

　電子提供制度の導入によって、柔軟な基準日設定の取組みが大きく進むとは考えにくいものの、あらためて各社の株主総会スケジュール等を考え直すきっかけとなり、柔軟な基準日設定に取り組む企業が現れることを期待したい。

V　非上場会社における電子提供制度の利用

1　電子提供制度の採用手続

　電子提供制度は、非上場会社であっても採用することは可能である。電子提供制度を採用する場合、定款で電子提供措置をとる旨を定めることでよい（325 条の 2）。

　ただし、電子提供措置をとる旨の定款の定めがある場合でも、299 条 2 項に掲げる場合（株主総会に出席しない株主が書面もしくは電磁的方法によって議決権を行使することができることとする場合または取締役会設置会社である場合）に限って、電子提供措置をとることができる（325 条の 3 第 1 項）。

　また、上場会社の場合と異なって、非上場会社にはみなし定款変更（整備法 10 条 2 項）が用意されていないので、通常の定款変更と同様に、株主総会で定款変更を決議することが必要となる。当該定款変更に際しては、書面交付請求があった株主に対して提供する交付書面の範囲を限定する旨の定款変更もあわせて行うことが考えられる。この電子提供制度を採用する旨の定款変更は、電子提供制度施行前に停止条件付で決議することも考えられる。

　なお、取締役会設置会社以外の株式会社で、招集通知の発送期限を株主総会の日の 1 週間前を下回る期間として定款で定めている場合、電子提供制度採用会社は、招集通知発送期限が株主総会の 2 週間前となる（325 条の 4 第 1 項）ため、電子提供措置をとる旨の定款変更を行う際には当該招集通知発送期限に関する定款の定めを削除するかどうか検討することも考えられる。

　電子提供措置をとる旨の定款変更が効力を生じた場合、効力発生後 2 週

【図表2-V-1】　電子提供制度採用の定款変更議案の記載例（基準日制度採用会社）

第○号議案　定款一部変更の件

1. 変更の理由
   「会社法の一部を改正する法律」（令和元年法律第70号）の一部が202X年X月X日に施行されましたので、株主総会資料の電子提供制度を導入するため、次のとおり所要の変更を行うものであります。
   (1)変更案第15条は、株主総会参考書類等の内容である情報について、電子提供措置をとる旨を定めるものであります。
   (2)株主総会参考書類等のインターネット開示とみなし提供の規定（現行定款第15条）は不要となるため、これを削除するものであります。
   (3)変更案第16条は、書面交付請求に際して交付する書面の範囲を限定するための規定を新設するものであります。
   (4)その他、条文の新設・削除に伴い、条数の繰り下げを行うものであります。

2. 変更の内容
   変更の内容は次のとおりであります。

（下線は変更箇所）

現行定款	変更案
〈新設〉	(株主総会参考書類等の電子提供) 第15条　当会社は、株主総会の招集に際し、株主総会参考書類等の内容である情報について、電子提供措置をとるものとする。
(株主総会参考書類等のインターネット開示とみなし提供) 第15条　当会社は、株主総会の招集に際し、株主総会参考書類、事業報告、計算書類および連結計算書類に記載または表示をすべき事項に係る情報を、法務省令に定めるところに従いインターネットを利用する方法で開示することにより、株主に対して提供したものとみなすことができる。	〈削除〉
	(書面交付請求の対象範囲)

〈新設〉	第 16 条　当会社は、前条の措置をとる事項のうち法務省令で定めるものの全部または一部について、議決権の基準日までに書面交付請求した株主に対して交付する書面に記載しないことができる。
第 16 条 〜　　〈条文省略〉 第 39 条	第 17 条 〜　　〈現行どおり〉 第 40 条

（出典）　三菱 UFJ 信託銀行作成。現行定款第 15 条の削除および附則の削除については、インターネット開示を総会後 3 か月継続する必要があることとの関係で別途の定めを要することが考えられる。この点は**図表 2-Ⅱ-5** の附則を参照されたい。

間以内にその旨の登記が必要となる。電子提供制度施行前に停止条件付で定款変更決議をした場合は、電子提供制度の施行日から 2 週間以内に登記を要することとなる。

　一方で、非上場会社の場合は、上場会社のように、電子提供制度施行から 6 か月以内の日を開催日とする株主総会について電子提供制度が採用できないとする経過措置（整備法 10 条 3 項）の適用はない。したがって、電子提供制度の施行を停止条件として、電子提供制度を採用する旨の定款変更を行った非上場会社は、電子提供制度施行後に招集の手続（取締役会決議）が開始される株主総会から、電子提供制度を適用することが可能と考えられる。この結果、電子提供制度を初めて適用するのは、非上場会社か電子提供制度施行後に株式を上場する会社になる可能性があると思われる。

　臨時株主総会で電子提供制度を採用する旨の定款変更を行う場合などに、電子提供制度を最初に適用する株主総会の基準日が当該定款変更を行う株主総会の開催前に到来することは考えられる。また、電子提供制度の施行を停止条件としてあらかじめ定款変更を行う場合には、電子提供制度を最初に適用する株主総会の基準日が施行前に到来することも考えられる。こうした場合には、最初に電子提供制度を適用する株主総会につい

【図表2-Ⅴ-2】改正会社法の施行を停止条件とした電子提供制度採用の定款変
　　　　　　　更議案の記載例（基準日制度採用会社）

第○号議案　定款一部変更の件

1. 変更の理由

　「会社法の一部を改正する法律」（令和元年法律第70号）の一部が202X年
X月X日に施行されますので、株主総会資料の電子提供制度を導入するた
め、次のとおり所要の変更を行うものであります。

　(1)変更案第15条は、株主総会参考書類等の内容である情報について、電
子提供措置をとる旨を定めるものであります。

　(2)株主総会参考書類等のインターネット開示とみなし提供の規定（現行定
款第15条）は不要となるため、これを削除するものであります。

　(3)変更案第16条は、書面交付請求に際して交付する書面の範囲を限定す
るための規定を新設するものであります。

　(4)その他、条文の新設・削除に伴い、条数の繰り下げを行うとともに、効
力発生日に関する附則を新設するものであります。

2. 変更の内容

　変更の内容は次のとおりであります。

（下線は変更箇所）

現行定款	変更案
〈新設〉	(株主総会参考書類等の電子提供) 第15条　当会社は、株主総会の招集に際し、株主総会参考書類等の内容である情報について、電子提供措置をとるものとする。
(株主総会参考書類等のインターネット開示とみなし提供) 第15条　当会社は、株主総会の招集に際し、株主総会参考書類、事業報告、計算書類および連結計算書類に記載または表示をすべき事項に係る情報を、法務省令に定めるところに従いインターネットを利用する方法で開示することにより、株主に対して提供したものとみなすことができる。	〈削除〉

	（書面交付請求の対象範囲）
	第16条　当会社は、前条の措置をとる事項のうち法務省令で定めるものの全部または一部について、議決権の基準日までに書面交付請求した株主に対して交付する書面に記載しないことができる。
第16条 〜　　　〈条文省略〉 第39条	第17条 〜　　　〈現行どおり〉 第40条
〈新設〉	（附則） 現行定款第15条の削除および変更案第15条、第16条の新設は、202X年X月X日をもって効力を生じるものとする。 なお、本附則は202X年X月X日をもって削除するものとする。

（出典）　三菱UFJ信託銀行作成。現行定款第15条の削除および附則の削除については、インターネット開示を総会後3か月継続する必要があることとの関係で別途の定めを要することが考えられる。この点は**図表2-Ⅱ-6**の附則を参照されたい。

て、株主が書面交付請求を行うための期間が確保できず、株主に不利益が生じることになる。会社としては、定款変更を決議する株主総会の招集通知に書面交付請求書を同封して書面交付請求を予約受付したり、基準日後になされた書面交付請求であっても交付書面を任意に送付したりするなどの対応、あるいはフルセット・デリバリーの活用を検討すべきである。

2　書面交付請求の受付

　非上場会社の場合、株主は、会社（株主名簿管理人が設置されている場合は株主名簿管理人）に対して書面交付請求することができる（325条の5第1項）。書面交付請求を行う株主は、会社に対して、書面交付請求書の交付を依頼し、交付された書面交付請求書に必要事項の記入等を行い、会社

【図表2-V-3】書面交付請求書（イメージ）

〇〇〇〇年〇月〇日

書面交付請求書

〇〇〇〇株式会社　　宛

（住　所）_____

（氏　名）_____　　㊞

（連絡先）_____

　私は、会社法第325条の5第1項に基づき書面交付を請求しますので、本請求書受理日以後に到来する基準日に係る株主総会について、電子提供措置事項を記載した書面を交付願います。

以上

_____

（社用欄）　　　　　　　　　　　　　　　　　　（受理日）

※　押印は不要とすることも考えられる

　に提出して、書面交付請求を行うことが考えられる。また、会社が支障ないと判断すれば、電話等により書面交付請求を受け付けることも考えられる。

　なお、書面交付請求の期限は、議決権行使基準日が定められている場合は当該基準日までであり、取締役は基準日までに書面交付請求した株主に対して招集通知に際して交付書面を送付すればよい（325条の5第2項）。基準日が定められていない場合には、招集通知の発送までに書面交付請求がなされる必要があり、取締役は招集通知発送までに書面交付請求した株主に対して招集通知に際して交付書面を送付することになる。基準日が定められていない場合において、招集通知発送後に名義書換請求がなされたときは、名義書換請求と同時に書面交付請求がなされていれば、招集通知と交付書面を速やかに送付することになると考えられる（中間試案の補足説明第1部第1の4(2)イ参照）。

3　その他

　株主総会資料・招集通知の作成、電子提供措置、招集通知の発送、書面
交付終了の異議申述手続等については、上場会社における電子提供制度の
運営と基本的には異なる点がないので、本章Ⅲ2〜9を参照願いたい。
　以下では、非上場会社が電子提供制度を利用する際に留意すべき若干の
留意点について付言する。

(1)　電子提供措置
　上場会社の場合、電子提供措置事項は証券取引所のウェブサイトや情報
ベンダーのウェブサイトに掲載され、株主だけでなく投資家も一般に閲覧
することが可能となっている。一方で、非上場会社では電子提供措置事項
を一般に公開することはなされていない。このため、非上場会社が電子提
供措置をとる場合、閲覧に際してパスワードを要求するなどして、株主の
みが電子提供措置事項を閲覧できるようにすることが考えられる。
　また、書面投票制度を採用する場合に、議決権行使書面を電子提供する
ことにすると、株主ごとにID・パスワードを設定する必要があり、また、
株主が書面投票するには、電子提供された議決権行使書面をプリントアウ
トして会社に返送しなくてはならず、書面投票のための株主の手間が増え
ることになるのは、上場会社の場合と同様である。したがって、非上場会
社においても、議決権行使書面は電子提供せず、招集通知に同封して株主
に交付することになるものと思われる。
　なお、書面投票制度を採用せず、委任状を利用している場合、委任状は
電子提供措置の対象ではないので、従来どおり書面で交付することでよ
い。

(2)　招集通知の発送期限
　公開会社でない株式会社の招集通知の発送期限は株主総会の1週間前ま
でとされている（299条1項）が、電子提供制度を利用する場合には、招
集通知の発送期限は株主総会の2週間前までとなる（325条の4第1項）の

で留意が必要である。

事項索引

数字・アルファベット

7 月総会 ················· 14, 15, 188
CG コード ·········· 7, 48, 63, 129, 191
D&O 保険契約 ························ 87
EDINET ················ 65, 191, 176
——の特例 ········· 16, 65, 112, 176, 191
Notice & Access 制度 ················· 13

あ 行

アクセス通知 ······ 4, 13, 62, 69, 71, 162
異議申述手続 ·········· 38, 83, 96, 182
ウェブ開示 ········· 10, 118, 124, 141, 118
——によるみなし提供制度 ···· 10, 24, 86
ウェブ修正 ··············· 58, 85, 172

か 行

会計監査人 ·························· 3
会計監査人設置会社 ··············· 3, 55
会計監査報告 ········· 3, 56, 58, 86, 94
会社法研究会 ····················· 14
会社法制（企業統治等関係）の見直しに関
する中間試案 ····················· 76
会社法制（企業統治等関係）の見直しに関
する中間試案の補足説明 ········· 76, 198
会社法制（企業統治等関係）の見直しに関
する要綱 ············· 50, 123, 172
改正法務省令 ······················ 58
買取口座 ·························· 80
加入者 ···························· 80
株式取扱規程 ········· 81, 97, 100, 148
株主資本等変動計算書 ············· 86, 95
株主総会参考書類 ················· 2, 86
株主総会参考書類等 ···················· 2
株主総会の決議の取消事由 ····· 42, 83, 100,
　107, 135, 162, 174, 175
株主総会の決議の取消しの訴え ····· 39, 48,
　83, 107, 108

株主総会白書 2019 年版 ·············· 11, 176
株主提案権 ························ 100
株主平等原則 ······················ 76
株主本人確認指針 ················· 150
株主名簿 ········· 79, 80, 147, 189
株主名簿管理人 ······· 5, 6, 79, 147, 183
監査委員会 ························ 3
監査等委員会 ······················ 3
監査報告 ········· 3, 56, 58, 86, 93, 94
監査役 ···························· 3
監査役等 ························ 3, 95
議案要領通知請求 ················· 54, 75
議案要領通知請求権 ················ 100
議決権行使基準日 ······ 4, 14, 152, 188, 198
議決権行使書面 ······ 2, 19, 60, 66, 72, 155,
　169, 170, 171, 178, 199
議決権電子行使プラットフォーム ········ 63,
　129
議題提案権 ························ 100
狭義の招集通知 ···················· 3, 69
経過措置 ············· 21, 24, 26, 88
計算書類 ························ 2, 86
公開会社 ························ 2, 23
広義の招集通知 ······················ 3
口座管理機関 ········· 5, 80, 147, 152
交付書面→電子提供措置事項記載書面へ
個別株主通知 ···················· 80, 152
個別注記表 ······················ 86, 95

さ 行

催告期間 ····················· 96, 182
最集中日 ···························· 7
裁量棄却 ····················· 83, 108
事業報告 ···················· 2, 86, 95
施行日 ············· 4, 21, 88, 138, 195
自動公衆送信装置 ··················· 18
集中率 ···························· 7
種類株式発行会社 ·················· 111

種類株主 ……………………………………… 111

種類株主総会 …… 17, 18, 29, 40, 66, 111

証券口座 …………………………………… 80

証券保管振替機構 ………… 80, 148, 151

招集通知の作成 ……………………… 153, 157

招集通知の発送 ……………………… 178, 199

上場会社 ………………………………………… 4

少数株主権等 …………………………………… 80

書面交付 ……………………………………… 197

書面交付請求 …… 4, 53, 73, 74, 126, 140,
　　147, 154, 163, 182, 197

書面交付請求権 ………… 24, 29, 30, 77, 112

書面投票 …………………………………………… 2

　　――制度 …………………………………… 199

新型コロナウイルス感染症 ……… 8, 63, 89,
　　117, 160, 188

整備法 …………………………………… 21, 26

責任限定契約 …………………………………… 87

全株懇提案書 …………………………… 22, 25

総株主通知 ……………………………………… 80

た 行

直近上位機関 ……………………… 80, 147

定時株主総会 ………………………………… 3

デジタル・デバイド …… 77, 101, 117, 180

電子公告 …………………………… 19, 104, 174

電子公告調査機関 …………………………… 104

電子提供措置 …… 4, 17, 138, 170, 193, 199

　　――の中断 …………………………… 103, 174

電子提供措置開始日 ……… 39, 46, 66, 103,
　　106, 122, 171, 174

電子提供措置期間 ……………… 39, 103, 174

電子提供措置事項 …… 40, 54, 77, 153, 155,
　　163, 170, 199

電子提供措置事項記載書面（交付書面）…
　　4, 25, 30, 38, 44, 53, 73, 74, 77, 147,
　　154, 163, 169, 178, 198

電磁的方法 …………………………… 2, 9, 17

　　――による株主総会の招集通知 …… 4, 8,
　　44, 72, 78, 116, 147, 170

　　――による株主総会の招集通知の発出
　　…………………………………………………… 9

電子投票 ……………………… 2, 62, 128, 188

登記 …………………………………… 146, 195

投資家と企業の対話ガイドライン … 16, 50,
　　191

特別株主 ………………………………………… 80

取消事由 ……………………………………… 108

取締役会設置会社 …………………… 2, 55

な 行

二次元バーコード ……… 125, 128, 130, 160

は 行

バーチャル株主総会 ……124, 128, 132, 181

パブコメ回答 ……… 55, 61, 73, 87, 88, 94

範囲限定規定 …………………………… 140, 163

ビジュアル化 ……………………………… 131

備置定款 ……………………………………… 139

部会 …………………………………………… 74

附属明細書 ……………………………………… 3

プライム市場 …………………………………… 63

振替株式 ………… 21, 26, 80, 88, 138

振替機関 ……………………………………… 5

振替口座簿 …………………………………… 80

振替法 ………………………… 26, 32, 80

フルセット・デリバリー …… 41, 74, 162,
　　179

法務省法制審議会 …………………………… 50

補償契約 ………………………………………… 87

本人確認書類 ………………………………… 62

ま 行

みなし定款変更 ………………………… 138, 193

や 行

役員等賠償責任保険契約 ………………… 87

有価証券報告書 …… 3, 16, 65, 176, 191

　　――の総会前提出 …………… 15, 65, 67

ら 行

利益供与の禁止 ……………………………… 76
臨時株主総会 ………………………………… 66
令和元年改正法 …………………………… 4, 49

連結株主資本等変動計算書 ………………… 95
連結計算書類 ………………………… 2, 56, 86
連結損益計算書 …………………………… 87
連結貸借対照表 …………………………… 87
連結注記表 ………………………………… 95

執筆者紹介

塚本　英巨（つかもと　ひでお）【第 1 部執筆担当】

2003 年　東京大学法学部卒業

2004 年　弁護士登録

2010 年〜2013 年　法務省民事局出向（平成 26 年会社法改正の企画・立案担当）

2014 年〜2017 年　東京大学法学部非常勤講師（「民法基礎演習」担当）

2016 年〜　公益社団法人日本監査役協会「ケース・スタディ委員会」専門委員

2017 年〜2020 年　経済産業省「コーポレート・ガバナンス・システム（CGS）研究会（第 2 期）」委員

2019 年〜2021 年　経済産業省「新時代の株主総会プロセスの在り方研究会」委員

現在　アンダーソン・毛利・友常法律事務所外国法共同事業パートナー弁護士

（主な著書・論文）

【著書】『基礎から読み解く社外取締役の役割と活用のあり方』（商事法務、2021）、『Before/After 会社法改正』（共著：弘文堂、2021）、『論究会社法　会社判例の理論と実務』（共著：有斐閣、2020）、『コーポレートガバナンス・コードのすべて』（共著：商事法務、2017）、『監査等委員会導入の実務』（商事法務、2015）

【論文】「会社法改正に伴う改正省令の実務要点」旬刊経理情報 1599 号（2021 年 1 月 1 日特大号）、「バーチャル株主総会（参加型・出席型）の基本」一般社団法人監査懇話会「會報」2020 年 8 月 1 日号、「令和元年改正会社法の実務対応（4）会社補償・D&O 保険の実務対応」旬刊商事法務 2233 号（2020）ほか、多数。

中川雅博（なかがわ　まさひろ）【第 2 部執筆担当】

1990 年　大阪大学法学部卒業

1990 年　東洋信託銀行（三菱 UFJ 信託銀行）入社

1996 年　大阪大学大学院法学研究科（修士課程）修了

1996 年　証券代行部配属

現在　三菱 UFJ 信託銀行　法人コンサルティング部　部付部長

（主な著書・論文）

【著書】『委員会等設置会社への移行戦略』（共著：商事法務、2003）、『株券電子化と移行のポイント』（共著：商事法務、2008）、『株式事務の基礎知識』（商事法務、2009）、『株主総会ハンドブック〔第 4 版〕』（共著：商事法務、2018）、『会社法改正後の新しい株主総会実務』（共著：中央経済社、2019）

【論文】「新型コロナウイルス感染の拡大防止のための株主総会運営に係る留意事項」資料版商事法務 432 号（2020）、「2021 年株主総会実務の検討事項」旬刊商事法務 2249 号（2020）、「会社法改正に伴う全株懇モデルおよび事務取扱指針の改正」資料版商事法務 443 号（2021）ほか、多数。

株主総会資料電子提供の法務と実務

2021 年 8 月20日　初版第 1 刷発行

著　　者　　塚　本　英　巨
　　　　　　中　川　雅　博

発 行 者　　石　川　雅　規

発 行 所　　株式会社 商 事 法 務

　　　　　　〒103-0025 東京都中央区日本橋茅場町 3-9-10
　　　　　　TEL 03-5614-5643・FAX 03-3664-8844〔営業〕
　　　　　　TEL 03-5614-5649〔編集〕
　　　　　　https://www.shojihomu.co.jp/

落丁・乱丁本はお取替えいたします。　　　印刷／大日本法令印刷
© 2021 Hideo Tsukamoto, Masahiro Nakagawa　　Printed in Japan
　　　　　　　　　　　Shojihomu Co., Ltd.
　　　　　　　ISBN978-4-7857-2893-9
　　　　　＊定価はカバーに表示してあります。

JCOPY ＜出版者著作権管理機構 委託出版物＞
本書の無断複製は著作権法上での例外を除き禁じられています。
複製される場合は，そのつど事前に，出版者著作権管理機構
（電話 03-5244-5088，FAX 03-5244-5089, e-mail: info@jcopy.or.jp）
の許諾を得てください。